JN082566

児童が「知」を連続的に発展させる 理科の問題解決

角屋 重樹 監修 石井 雅幸 阪本 秀典 髙木 正之 笠原 秀浩 編

教育出版

はじめに

　令和4年2月9日の総合科学技術・イノベーション会議、教育・人材育成ワーキンググループ（第6回）でこれからの教育に1つの方向が提案されました。それは、「参考資料2　教育データ利活用ロードマップについて」の「13.　今後の進め方」において、以下のように記されています。

　「（…略…）次代を切り拓く子供達に求められる資質・能力としては、正解のない課題に対し、当事者意識を持ち、他者と協働しながら新たな価値創造を生み出す力、

　具体的には、

　　・文章の意味を正確に理解する読解力、教科等固有の見方・考え方を働かせて自分の頭で考えて表現する力、対話や協働を通じて知識やアイディアを共有し新しい解や納得解を生み出す力（…略…）」

　上述のことを整理すれば、子供が他者と協働しながら新たな価値創造を生み出す力などの育成が提案されているといえます。

　新たな価値創造を生み出す力は、理科の場合、一人一人の子供が自ら自然事象に働きかけ、新しい知を構築し、いろいろなものに転移していく資質・能力と考えることができます。

　上述のことは、次の2つの条件が前提となっています。

（1）子供が「知」を有すること

（2）子供が既有の「知」を新しいものに変換する「すべ」をもつこと

　本書は今まで述べてきたことを背景に、（1）と（2）を構成の枠組みとしました。そして、新しい教材解釈の仕方や、比較、関係付けるなどの「すべ」を明確にするとともに汎用性のある「すべ」を明確にしました。このようにして、本書は学習指導を展開する手法を初任の先生方にもすぐに実践できるように具体的に作成しました。

　執筆は、現在活躍している先生方にお願いし、できるだけ分かり易くしました。

　若い先生方や理科を不得意とする先生方が本書を活用し実践することにより、先生方の学習指導がより一層充実すると確信します。また、学習指導の充実により、理科教育を通して一人一人の子供たちがそれぞれ明るい未来を構築していくことを願っています。

　本書の作成には、教育出版株式会社の書籍部の武井様にはいろいろなことで多大なる手助けをいただきました。記して、心より御礼申し上げます。

2022年12月

広島大学名誉教授
国立教育政策研究所名誉所員
角屋　重樹

目　次

■理論編

■授業づくり編

■単元展開案編

理　論　編

Ⅰ　新しい小学校理科の学習指導の展開

〇はじめに

　本章では、まず、これからの教育の方向を明らかにしたいと思います。次に、その方向をもとに子供に育成すべき資質・能力である、いろいろな場面に活用できる「知」とその「知」を新しいものに変換する「すべ」について述べたいと思います。この考えのもとに、

　　1．これからの教育の方向
　　2．いろいろな場面に活用できる「知」
　　3．「知」を新しいものに変換する「すべ」

という項目を設定して、これらを順に述べていきます。

「すべ」＝
「知」を新しいものに変換する
方法、その方法知のこと。

1．これからの教育の方向 |||||||||||||||||||||||||||||||||

　これからの教育の方向の1つは、令和4年2月9日の総合科学技術・イノベーション会議、教育・人材育成ワーキンググループ（第6回）で公表された、「参考資料2　教育データ利活用ロードマップについて」「13．今後の進め方」において」で明記されています。そこには、以下のように記されています。

　「デジタルやデータはあくまでも手段であり、目的はミッションに掲げた『誰もが、いつでもどこからでも、誰とでも、自分らしく学べる社会』の実現である。こうした社会において、次代を切り拓く子供達に求められる資質・能力としては、正解のない課題に対し、当事者意識を持ち、他者と協働しながら新たな価値創造を生み出す力、（略）」

上述のことから、これからの教育は子供が他者と協働しながら新たな価値創造を生み出す力などの獲得を目指す必要がある、といえます。

　新たな価値創造を生み出す力は、理科の場合、一人一人の子供が自ら自然の事物・現象に働きかけ、新しい知を構築し、いろいろな場面に転移していく資質・能力と考えることができます。この資質・能力は、認知心理学などの知見によると、以下のように考えることができるでしょう。

　子供は、自分が観察した出来事や経験を自分なりに理解し、思い込みの理論というようなスキーマを構築している（今井むつみ、学びとは何か、pp. 66-67、岩波新書、2007）。このことは、子供が、事象に働きかける時、既に獲得しているスキーマをもとにして、新しい事象に働きかけ、既有するスキーマをもとにし、絶えず新しいものに変容していくことと考えることができます。

　今まで述べてきたことには、以下の２つの条件が内包されていると考えられます。
（１）子供がいろいろな場面に活用できる「知」を有すること
（２）子供が「知」を新しいものに変換する「すべ」をもつこと

　上述の（１）、（２）のそれぞれには、次のような前提条件があると考えられます。

（１）いろいろな場面に活用できる「知」を有すること
　「知」をいろいろな場面で活用できるようにするためには、「知」を単に羅列的に整理しておくことではありません。それらの「知」を分類し、体系的なものにしておくことが必要となります。
（２）「知」を新しいものに変換する「すべ」をもつこと

新たな価値創造を生み出す力（理科）
・子供が自ら自然の事物・現象に働きかけ、新しい知を構築し、いろいろな場面に転移していく資質・能力

新しい「知」

知

既に持っている「知」

・子供は、既に獲得しているスキーマをもとに新しい事象に働きかける。
・その際に、すでにもっているスキーマをもとにして、たえず新しいものに変容していく。

つまり……

これからの教育のためには、
・子供がいろいろな場面で活用できる「知」をもつこと
・子供が、「知」を新しいものに変換する**「すべ」**をもつことが必要！

「知」を新しいものに変換、転移する「すべ」については、例えば、川崎市立東菅小学校の実践報告があります。（川崎市立東菅小学校授業研究会「東菅小学校の7年間の物語」文溪堂、2019）。そこには、「知」を変換、転移する「すべ」として、違いに気づくことや比較すること、及び関係付けることなどが提案されています。

「知」＝分類と体系的なものにすることが必要。

「知」を変換、転移する「すべ」には、「違いに気づくこと」や「比較すること」、「関係付けること」などがある。

2. いろいろな場面に活用できる「知」

子供がいろいろな場面に活用できる「知」は、具体的には、分類し、体系化したものです。これは、一単位時間、あるいは、単元間、学年間などにおいて関係付けされた「知」と考えることができます。

そこで、これからの指導計画の立案にあたっては、教師は、当該の単元の教材を、「知」の整理、体系化という視点から見直すことが必要となります。つまり、教師は、当該の単元の教材が以後の学習の基盤となり、発展できるようにしておく必要があるのです。具体的には、教材が汎用性のある「基盤」となるようにしておくことが必要ということです。このことは、教材を自然事象に関する性質や規則性という視点から一面的にとらえるのではなく、いろいろな場面に活用できるという視点から解釈をしておく必要があるということです。

以下、事例を挙げて説明します。

使い方しだいで、新しい「知」の土台となり、発展させることができる！

「知」の整理、体系化のためには、教材が汎用性のある「**基盤**」であることが必要。

■事例1　第3学年「（1）物と重さ」

第3学年「（1）物と重さ」において、事象に働きかける時の「基盤」と直接関係する部分を、小学校学習指導要領理科の各学年の内容で示すと、以下のようになります。以後、子供が事象に働きかける時の「基盤」と直接関係する部分は、小学校学習指導要領理科の各学年の内容を示します。

（ア）、（イ）は、それぞれ、質量保存と密度に
関する学習内容です。

（ア）の学習

この学習では、次のような実験を行い、学習を
展開する例が多く見られます。

子供が、物質の形が変わっても重さは変わらな
いことを理解するため、例えば、粘土などを用い
ます。そして、子供が粘土の形を変えたり、ある
いは、分断したりしても、形の変化の前後におい
て物質の質量が変わらないことを調べていきます。

この実験は、「粘土」という物質を一つに固定し、
「物質の出入りがない」という条件のもとで、「粘
土」という物質をいろいろな形に変えて、形が変
わった粘土と形が変わらない時の粘土の質量を比
べるものです。つまり、**物質を固定し、形をいろ
いろ変化させて、物質の質量の変化を調べるとい
う方法**なのです。

固定……「粘土」という一種類の物質 **変化**……「形の変わった粘土」と「形の変わらない粘土」 ↓ 物質を**固定**し、形を**変化**させて、物質の質量の変化を調べている。

（イ）の学習

この学習は、子供が次のような実験を行い、展
開することが多いです。例えば、体積を一定にし
たアルミはくを用いて、アルミはくで覆った木や
鉄などの物質の質量を調べます。いろいろな物質
の質量を天秤などで測り、**体積が同じでも物質の
種類によって質量は異なること**を調べるもので
す。

今まで述べてきた、（ア）、（イ）の学習は、新
しい教材解釈としては次のように整理できます。

固定……「体積」を一定にしたアルミはく **変化**……アルミはくでおおったいろいろな物質の質量 ↓ 体積を**固定**し、物質を**変化**させることで、物質によって質量は異なることを調べている。

⑦を基準とすると、⑦は⑦と同じ重さ
⑦は⑦より重い。

⑦木　　⑦木　　⑦鉄

表1　汎用性のある教材解釈
（ア）物質を**固定**し、形を**変える**。
（イ）体積を**固定**し、物質の種類を**変える**。

（1）汎用性のある教材解釈

　前述してきた（ア）と（イ）は、比較する場合の「方法の違い」を含意していると考えられます。
　それは、比較する場合、
　①物質あるいは体積を固定し、
　②形あるいは物質を、変化させる
　という方法があることを意味します。
　①、②は、「固定するもの」と「変えるもの」という考え方の枠組は共通です。この「固定するもの」、「変えるもの」という考え方の枠組みは、第5学年の「変数を制御して調べる」という学習に発展します。

　今まで述べてきたことは、以下のように整理できます。
　これまで、本単元の教材の意義は質量保存や密度という視点でとらえてきました。汎用性のある基盤とするために、「固定するもの」と「変えるもの」という視点から、観察・実験の方法を構想しておくことが大切といえます。この「固定するもの」、「変えるもの」という考え方の枠組みは、子供が他の事象に働きかける時に、汎用性のある考え方の基盤となり、いろいろな場面で転移できるようになると考えられます。

表2　汎用性のある教材解釈
教材を「固定するもの」、「変えるもの」という視点からとらえる。

事例2　第4学年「（1）空気と水の性質」

　第4学年「（1）空気と水の性質」において、

●はいっしょだけど他はちがう！

虫には共通の体のつくりがあるのでは……？

【これまでの観察・実験の方法】
……「質量保存」や「密度」の学習という視点から構想。
↓
【汎用性のある基盤としての観察・実験の方法】
……「固定するもの」と「変えるもの」という視点から構想。
＝さまざまな場面で**「知」を転移できる**ようになる。

子供が事象に働きかける時の「基盤」と直接関係する部分を示すと、以下のようになります。

ア　次のことを理解するとともに、観察、実験などに関する技能を身に付けること。
（ア）閉じ込めた空気を圧すと、体積は小さくなるが、圧し返す力は大きくなること。
（イ）閉じ込めた空気は圧し縮められるが、水は圧し縮められないこと。

　この単元では、注射器や空気鉄砲などを用いて空気と水を対比しながら、空気は弾性があるが、水は弾性がないことを子供が理解することを目指しています。子供は、水は見えるので、実体としてとらえることができます。しかし、空気は見えないので、空気を実体（物質）としてとらえることができないことが多いのです。
　そこで、見えない空気が実体（物質）として存在することを子供が理解するために、大きなビニル袋などを用いて、そのビニル袋を押すことで見えない空気を体感できる場面を設定します。子供のこの体験は、「物質というものは実体として存在し、質量を有する」という基盤となる「知」となるのです。この学習と第3学年の学習とを関係付け、体系化すると、以下のようになります。
・第3学年で、「物質は形を変えても質量は変わらない」
・第4学年で、「見えない物質が手ごたえのある実体としての物質（混合物）、として存在する」

【単元で目指すこと】
……子供が、空気と水を対比しながら、「空気は弾性がある」「水は弾性がない」ことを理解する。
【子供の基底となる「知」】
……水と違って「見えない」空気も「実体（物質）」であると理解すること。

表3　汎用性のある教材解釈
「物質は形を変えても、質量は変わらない」
「物質は実体として存在する」
　　　　↓
「物質は見えなくても実体として存在し、質量が保存されている」

事例3　第5学年「（1）物の溶け方」

　第5学年「（1）物の溶け方」において、子供が事象に働きかける時の「基盤」と直接関係する部分を示すと、以下のようになります。

（1）物の溶け方
ア　次のことを理解するとともに、観察、実験などに関する技能を身に付けること。
　（ア）物が水に溶けても、水と物とを合わせた重さは変わらないこと。
　（イ）物が水に溶ける量には、限度があること。
　（ウ）物が水に溶ける量は水の温度や量、溶ける物によって違うこと。また、この性質を利用して、溶けている物を取り出すことができること。

　（ア）は質量保存の法則につながる学習です。この質量保存の法則を子供が理解するために、食塩などの物質を用いて、次のような実験を行うことが多くあります。それは、食塩の出入りがない限り、見える食塩と見えなくなった食塩の総和の質量は、保存される、というものです。この実験は、
・第3学年「物質は形を変えても、質量は変わらない」
・第4学年「物質は実体として存在する」
　という学習が事象に働きかける時に汎用性のある基盤となっています。

表4　汎用性のある教材解釈
物質が見えなくなっても、物質の出入りのない限り、物質は存在し、質量は保存される。

　また、上述の（ウ）の「溶けている物を取り出すことができること」で、水を蒸発させる実験は、水を蒸発させれば、見えなくなった物質が実在する、という考え方を傍証することになります。

とうめいなのに
食塩水はしょっぱい……！

『水と違って「見えない」空気も「実体（物質）」である』という基盤となる「知」は、
・水にとけて見えなくなっても食塩はなくならない。
・水にとけて見えなくなっても質量は保存される。
という、汎用性のある基盤となる。

事例4　第6学年　（1）燃焼の仕組みにおける
　酸素と二酸化炭素

　第6学年「（1）燃焼の仕組み」において、子供が事象に働きかける時の「基盤」と直接関係する部分を示すと、以下のようになります。

（1）燃焼の仕組み
ア　次のことを理解するとともに、観察、実験などに関する技能を身に付けること。
　（ア）植物体が燃える時には、空気中の酸素が使われて二酸化炭素ができること。

　この学習は、酸素と二酸化炭素などの見えない物質でも実体として存在し、性質が異なるものがあること、の理解につながります。この学習には、以下の教材の体系が内在すると考えられます。

表5　汎用性のある教材解釈
見えない物でも実体として存在する
↓
物質は見えなくなっても保存される。
↓
見えない物質には性質の違いがあるものがある。

酸素も二酸化炭素も目に見えないけど、二酸化炭素の方だけ石灰水を白くするんだ！

【基盤となる「知」】
……「見えない」物も「実体（物質）」である。
↓転移
「酸素」と「二酸化炭素」のように、性質が異なるものがある。

事例5　中学校　（4）化学変化と原子・分子

　今まで述べてきた小学校の学習を通して、中学校では、次の、（4）化学変化と原子・分子、（ア）物質の成り立ち、が連関します。

（ア）物質の成り立ち
　イ　原子・分子
　　物質は原子や分子からできていることを理解するとともに、物質を構成する原子の種類は記号で表されることを知ること。

　今まで述べてきた、小、中学校の学習を通して、

子供が原子や分子を理解することにつながっていきます。

3.「知」を新しいものに変換する「すべ」

　「知」を新しいものに変換、転移するためには、子供自らが既有経験をもとに事象に働きかけ、「知」を新しいものに変換、転移していく「すべ」の獲得が必要になります。

（1）「知」を新しいものに変換、転移していく「すべ」の種類
　子供が事象に働きかける時に必要な「すべ」は、川崎市立東菅小学校の実践から、表6に示すように、①違いに気づいたり、②比較したり、③接している事象と既有の「知」を関係付けるなどが報告されています。

表6　「知」を新しいものに変換、転移する「すべ」の種類
・違いに気づくこと
・比較すること
・観察している事象と既有の「知」を関係付けること

（2）「すべ」を汎用的にするための視点
（2－1）比較の「すべ」
　比較の「すべ」を汎用的なものとするための説明として、枯れた植物と枯れていない植物の比較観察場面を例にしましょう。教師は、枯れた植物と枯れていない植物を提示し、比較観察を行う場面では、「2つの植物を比べて気づいたことはないかな」という問いかけをすることが多いと思います。しかし、この問いかけでは、子供はどのような視点で何と何を比較するのかが不明です。そこで、「枯れた植物をもとに、茎や葉の色や形を比べてごらん」というと、子供は比べる視点をも

「質量保存」に関連する子供の「知」の転移

【3年生】・形が変わっても重さは変わらない。
　　　　　・体積は同じでも、物質によって質量は異なる。
　　　　　　↓転移
【4年生】・見えなくても物質として存在する。
　　　　　　↓転移
【5年生】・見えなくなっても物質はなくならない。
　　　　　・見えなくなっても質量は保存される。
　　　　　　↓転移
【6年生】・見えない物質には性質が異なるものがある。
　　　　　　↓転移
【中学校】・「原子・分子」の理解
　　　　　とつながっていく。

体系的な「知」に変わっていく

つことができるので、何を比較するのかが明確になります。このことから、比較という「すべ」を汎用的なものするためには、表7に示した視点が大切になると考えられます。

　また、植物の成長条件を明確にするような実験では、例えば、水が必要か否かを実験で調べる場合、肥料や日光などの要因を制御して水の有無を比較する実験を行います。この場合、比較の視点や対象が明確になっていますが、比較実験の目的が不明確になる場合が多くあります。したがって、要因を制御して比較する実験では、実験の目的を絶えず、明確にする工夫が必要になります。

表7　「比較のすべ」を汎用的にする視点

1　観察している事象を比べる時
　基準をもとに比べる：比較する基準の明確化
　何と何を比べるかを明確にする：比較する
　　対象の明確化
2　要因を決定するための比較対照の「すべ」
「要因を決定する」という目的のもとに要因を比較するという意識の顕在化

（2－2）関係付けの「すべ」

　例えば、枯れた植物を観察した場合、
「どのようにして植物が枯れたのか」
「何が植物を枯れさせるか（つまり、枯れる要因）」
などを問題とすることが多いでしょう。

　この問題に対して、子供は「アサガオ」を育ててきた経験、具体的には、水や肥料、日光などを十分に与えなかったことから、「アサガオを枯らせてしまった」ことを思い出します。そして、「水」を与えなかった時に、「アサガオが枯れたこと」を思い出し、この経験と関係付け、植物が枯れた1つの要因として「水」を発想することになります。

　上述の事例から、次のことがいえます。子供が関係付ける「すべ」を獲得するには、「既習を思

い出してごらん」という問いかけではなく、教室の環境や教師の言葉かけによって具体的に想起する場面を明確にすることが大切だということです。つまり、生起している現象と既有の知識とを関係付け、その現象が生じる原因（要因）を見通しとして発想できるような具体的な働きかけが必要だということです。

今まで述べてきたことから、関係付けるという「すべ」は、観察している事象と既有の「何」を関係付けるか、つまり、**「何」と「何」を、「どのように」関係付けるかを明確にする**必要があるといえます。

関係付けについては、教師は「今まで学んできたことを使って考えてごらん」という問いかけをすることが多いでしょう。しかし、この問いかででは、①「何と何」を関係付けるか、という「関係付ける対象」と②どのように関係付ける、かという「関係付けの方法」が不明確になってしまいます。そこで、関係付けという場合、表8のようなことに留意する必要があるといえます。

> 表8　関係付けの「すべ」を汎用的にする視点
> 「何と何」を関係付けるか、という「関係付ける対象」が明確になるように工夫する。

（角屋 重樹）

子供が「関係付ける」という「すべ」を獲得するためには、**具体的に想起する場面を明確にすること**！

○参考文献

1．今井むつみ、「学びとは何か」、pp.66-67、岩波新書、2017 年
2．角屋重樹監修、川崎市立東菅小学校授業研究会、「東菅小学校の７年間の物語－思考のすべを獲得した子どもたち－」、文溪堂、2019 年
3．拙著、「改訂版　なぜ、理科を教えるのか－理科教育がわかる教科書－」、文溪堂、2019 年

Ⅱ 児童が「知」を連続的に発展させる問題解決

理科の問題づくりや考察の場面でよく見られませんか？

結果からわかったことを考えてみましょう。

おもしろかった！でも、考えはないよ。

何をどのように考えればいいのかしら？

　小学校理科の教科の目標では、「問題を科学的に解決するために必要な資質・能力を」と記されていますように、小学校の理科は、問題解決の過程を取り入れた学習活動を行うことを基本としています。ただし、あくまでも、児童が「知」を連続的に発展させる問題解決を行うのです。児童が「知」を連続的に発展させていくような問題解決ができるように、教師は教材を解釈することが必要となります。そのことで、児童は自ら仮説を立て、その仮説を自ら考えた方法で検証し、自らが納得のできるより妥当な結論を導き出し、また新たな「知」や問題を創ることになります。これからの理科の学習活動は、「知」を連続的に発展させていく問題解決をしていく学びを児童ができるようにすることを求めているといえます。こうした学びを児童ができるようになるためには、教師が「調べたいことを考えてみましょう。」「仮説を書いてみましょう。」「結果からわかることを書いてみましょう。」だけを言っているのでは児童に前述のような力をつけることはできないことは、皆さんもお気づきだと思います。

 Point!
○児童が自ら仮説、観察・実験を計画、考察できる。
○仮説や計画は、児童が持っている「知」を転移させる。

1. 児童が「知」を連続的に発展させる問題解決ができるようにするには ||||

(1) 児童が仮説・計画・考察ができるということは何ができることか

　児童は、これまでに様々なことを経験してきています。それらを「知」としてしっかりともっているのです。この「知」を児童は新たな学びの場面で転移させて、また新たな「知」を創り出していると考えられます。こうして自覚的に「知」を転移して働かせていった学びの中で、新たな「知」を創り出すことができると考えられます。児童が仮説・計画・考察ができるということは、まさに「知」を自覚的に転移させ、新たな「知」を創ることだと考えらえます。

(2) 児童が仮説を立てることができるようになる場が学びの場

　仮説を立てたりできるためには、児童が「知」を転移できるようにしなければならないということです。児童が「知」の転移をできるようになるためにはどのような場面でどのようなことを考えていけばよいのかを児童が知って、それができるようにしていくことが必要です。こうしたことを知り、できるようにしていく場面が学びの場面といえます。

(3) 児童が「知」を転移させるために、教師は何を行うのか

　児童が場面ごとにどのような「知」を想い起こし、想い起こした「知」の中からどれを働か（転移さ）せるともっとも妥当なのかを判断することができるようにしていくことが大切になります。そこで、理科の学習場面ごとに考えると以下のようなことを児童ができるようになっていくことが求められると考えらえます。

たとえば……

場面❶ ○5種類（うすい塩酸、炭酸水、食塩水、石灰水、うすいアンモニア水）の水溶液を見比べ、それぞれの性質の違いを明らかにする問題をつくる。

T：それぞれの水溶液の水との違いは何でしょう？

C：炭酸水は泡が出ていて、ほかの水溶液は泡が出ていないね。
C：炭酸水は見た様子が違うけれど、ほかにどんな違いがあるのかな。

◇◇◇◇◇◇◇◇◇◇◇◇◇◇◇◇◇◇◇◇◇◇◇◇ **比 較** ◇◇◇◇◇◇◇◇◇◇◇◇◇◇◇◇◇◇◇◇◇◇◇◇

水を基準にして、5種類の水溶液の性質の違いに目が向くようにする。

・泡が出ているもの
・二酸化炭素に反応するはずのもの　など

> 視点を明確にすることで
> 考えやすくする。

T：1つの水溶液は泡が出るという性質がわかりましたが、ほか
　の水溶液の性質は明らかにできそうですか？
T：これまでに学んだ水溶液にはどのような性質の違いがありま
　したか？

C：蒸発させることで、とけている物を取り出すことができるはずなので、明らかにできる
　と思います。
C：見た様子やにおいも手がかりにできると思います。
C：石灰水は二酸化炭素にふれさせることで明らかにできそうです。
C：水の量や温度によってとけ方が違うという性質がありました。

---

①**問題を見出す**：〇〇の視点で何と何を比べた時に何が違うかを見出します。変化も違
　いです。〇〇の視点を、何にするかが大切になります。

⇓　　⇒「比較」の「すべ」11ページ 表7

②**予想や仮説を立てる**：①で見出した違いが起こる要因として想起できる「知」を思い
　出し、その想起できた考えの中からもっとも妥当と思われる解釈を選択します。

⇓　　⇒「関係付け」の「すべ」12ページ 表8

③**予想や仮説を確かめる方法を計画する**：これまでにもっている観察・実験の方法・道
　具・整理の仕方などの中で最も自分の予想や仮説を確かめるのに妥当と思う計画を想い
　起こし選択をしていくという転移を行います。⇒「関係付け」の「すべ」12ページ 表8

⇓

④**観察・実験を行う場面**：これまでの観察・実験の場面を想起して、安全に配慮して、緻密・
　計画的に作業を行うという手続きを転移させていきます。

⇓　　⇒「関係付け」の「すべ」12ページ 表8

⑤**出てきた結果を整理する場面**：これまでの似たような学習場面で、自分の予想や仮説
　を確かめるのにどのような手続きで結果を整理するともっとも結論を導きやすい考察
　ができたのか。そうした妥当な整理方法を想起して選択していきます。

⇓　　⇒「関係付け」の「すべ」12ページ 表8

⑥**考察を行う場面**：つくってあった結果の予想（結果の見通し）と結果を、問題を見出した時の視点で比較して、違いが見出されるのかを検討します。⇒「比較」の「すべ」11ページ 表7

その結果、見出された違いの要因を検討します。

⇒「関係付け」の「すべ」12ページ 表8

違いが見出されなければ、これまでの手続き通り、予想が確かめられたと判断できるという考えの持っていき方を転移させます。

2．児童が「知」を連続的に発展させる問題解決とするための教材解釈

いずれの場面でも、教師は、児童が転移させる「知」を想起できるような声かけ、児童が想起し転移することができるようにするための声かけ、児童が自ら転移できたことを自覚するための声かけが必要です。また、教師は、児童がこれらのことをできるようになったなら、こうした声かけも行わずに、むしろ児童が自らできるようになったことを価値づける声かけが必要です。

児童がどの場面でどのように「知」を転移していくのかは、児童が類似事項を想起して、その類似事項の中からもっとも妥当と思われる事項を選択して、実行し、そのことを自覚できるようにすることです。こうした促しを行うことが、教師に求められるといえます。

以上のようなことを教師ができるようになるための教材研究が必要です。また、こうした教材研究の中でつくられた教材解釈に基づく単元構成ができるようになることが、教師には求められています。

さらに、こうした教材研究の積み上げの中で、単元構成、年間指導計画、学校全体の指導計画が作成されます。その中で、どの学年のどの学習内容で、どのような「知」を児童が創るような学びを位置づけるのかを考えていけるようになることが求められています。

そこで、本書では、この内容以降において、第5学年「電流がつくる磁力」の学習内容を例に挙げ、どのように教材解釈し、単元構成を考えていくのかを紹介します。

そのうえで、単元展開案をどのように組み立てていくのか、その際に、児童がどのような「知」をどのように転移させていくのかを紹介します。同じような考えで教材解釈を行った単元展開例をいくつか紹介します。皆さんも、例に倣って、教材解釈を行い、児童が「知」を連続的に発展させていくような問題解決ができる単元展開を構想し、授業づくりを行ってみてください。

（石井 雅幸・髙木 正之）

授業づくり編

1. 問題解決の各過程と指導のポイント（解説）
2. 展開案モデル
……指導のポイントに従った「第5学年　電流がつくる磁力」の
学習内容を例にした展開案モデル

教材解釈のために

1 事象提示のあり方を考える

2 児童が**問題を
つくる**ためには

3 児童が**予想や
仮説を発想す
る**ためには

4 児童が**実験方
法を考える**に
は

5 児童が**結果を
整理し、結論
を出す**には

1．問題解決の各過程と指導のポイント（解説）

　本章では、第5学年「電流がつくる磁力」を例に、問題解決の各過程における指導のポイントを示し、教師の発言や児童の思考のよりどころを示しながら解説します。本事例は、他の単元であっても同じような手続きをとれば授業づくりができるように、何と何をどのような視点で比較するのか、何と何をどのように関係付けるのかを明示しています。36ページ以降には本指導のポイントにそった板書と指導例が示されています。本章での授業づくりの手続きを考えながら読み進めるとよいでしょう。

　最初に小学校学習指導要領解説理科編には、どのように記述されているか見てみましょう。

第5学年　「電流がつくる磁力」

> 　電流がつくる磁力について、電流の大きさや向き、コイルの巻数などに着目して、それらの条件を制御しながら調べる活動を通して、次の事項を身に付けることができるよう指導する。
> ア　次のことを理解するとともに、観察、実験などに関する技能を身に付けること。
> （ア）電流の流れているコイルは、鉄心を磁化する働きがあり、電流の向きが変わると、電磁石の極も変わること。
> （イ）電磁石の強さは、電流の大きさや導線の巻数によって変わること。

　解説書を読み進めると、次のことが大切であると読み取れます。
　○電流の大きさや向き、コイルの巻数などに着目すること。
　○条件を制御しながら、電流がつくる磁力を調べること。
　○主に予想や仮説を基に、解決の方法を発想すること。
　○主体的に問題解決しようとする態度を育成すること。

　学習指導要領には、目標と内容しか記述されていませんので、児童の実態に合わせた指導方法は、指導をする先生方が自ら考えることになります。

○まず学習指導要領で指導の内容を確認する。
○教科書を参考にしながら、既習事項を確認する。

　この単元をどのように指導をするのか考える時に、今までの児童の学びを確認する必要があります。多くの教科書には、単元のはじめに次のような記述がみられます。

学習のつながり
3年　電気の通り道
　　　じしゃく
4年　電流のはたらき
5年　　電流が生み出す力
6年　電気の利用

　　　　　　　　　　この記述から、第3学年「電気の通り道」、「じしゃく」、第4学年「電流のはたらき」が本単元での思考の基盤になることがわかります。また、本単元の学習は、第6学年「電気の利用」につながることがわかります。

　それでは、第3学年と第4学年の学習を確認してみましょう。

10 電気の通り道 で学習したこと

回路ができると電気が通って明かりがつく。

かん電池の＋きょく、豆電球、かん電池の－きょくをどう線で1つのわのようにつなぐと、豆電球の明かりがつく。

鉄、アルミニウム、どうなどの金ぞくでてきているものは、電気を通す。

ものには電気を通すものと通さないものがあり、金ぞくは電気を通すが、プラスチック、木などは電気を通さない。

11 じしゃく で学習したこと

鉄ててきているものは、じしゃくにつく。

ものにはじしゃくにつくものとつかないものがあり、鉄はじしゃくにつく。

はなれていても、じしゃくは鉄を引きつける。

じしゃくのちがうきょくどうしは引きつけ合い、同じきょくどうしはしりぞけ合う。

じしゃくにつけると、鉄は、じしゃくになる。

じしゃくのNきょくは北をさし、Sきょくは南をさす。

　これらを基に、本単元でさらなる学びを進めていきます。予想や仮説の根拠は、既習事項や生活経験をもとに導き出されます。既習事項や生活経験が少ない、もしくは身近にあり過ぎて気づけない場合は、共通体験をさせることも考えられます。つまり、児童が考える際の手がかりを指導者が事前に考えておくのです。

思い出そう
4年で学んだこと
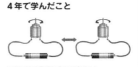
回路に流す電流の向きを変えると、モーターの回る向きが変わる。

思い出そう
4年で学んだこと

回路に流す電流の大きさを大きくすると、モーターは速く回る。

問題づくりを意識した事象の提示

　児童は、自分の体を動かす実験が大好きです。本単元では、魚つりゲームを入れました。

事象の提示
展開例⇒
36ページ

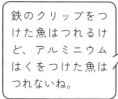

鉄のクリップをつけた魚はつれるけど、アルミニウムはくをつけた魚はつれないね。

スイッチを入れた時だけ、魚がしかけに引きつけられるね。

鉄が引きつけられるということは、しかけが磁石と同じ働きをしているのかな？

　実際にやってみると、次のようなことが見出されます。

気づき❶ クリップがついた魚はつれるが、アルミはくのついた魚はつれない。

第3学年の（永久）磁石と本単元の電磁石は同じかな？

気づき❷ スイッチを入れた時だけ、魚がつれた。

電磁石は、電気が流れている時だけ磁石になるのかな？

気づき❸ 大きい魚はつりあげられない。

電磁石にも強さがあるのかな？
強さは変えられるのかな？

※「学びの系統表」を参考にします。

▶ なぜ、**気づき❶** を大切にするのか

　第3学年では、（永久）磁石の性質を学んでいます。児童にとって、（永久）磁石と電磁石が磁石としての働きが同じかこの場面ではわかりません。3年で学んだ（永久）磁石と同じような性質がみられるので、電磁石も同じく磁石の働きがあるのではと考えることができます。また、磁石であるなら、電磁石にも極があるのか、極は方位磁針で調べることができるのではないか、極同士関係もあるのではないかと考えることができます。

▶ なぜ、**気づき❷** を大切にするのか

　第3学年では、回路ができると電気が流れて豆電球がつくことを学んでいます。これを基に考えると、電磁石はスイッチを入れた時だけ磁石となり、切ると電磁石ではなくなるという性質があることを理解できます。**気づき❶** 同様に、電磁石が（永久）磁石と同じなら極があると考えることができます。

　このような手続きをとると、以下のような問題をつくることができます。

【問題0】　電磁石は、どのような性質があるのだろうか。　◀━━━━ 【問題0】は細かく指導をしたい場合の例

【問題1】　回路に流す電流の向きを変えると、電磁石は、極が入れかわるのだろうか。

▶ なぜ、**気づき❸** を大切にするのか

　小さい魚はつりあげられる、大きな魚はつりあげられないという異なる2つの事象から、何が原因でこのような違う事象が起きるのかという問題を見出すことができます。

【問題2】　電磁石の働きを大きくするには、どのようにすればよいのだろうか。

問題づくり場面のポイント

　２つの違う事象を比較し、その違いが何と関係しているのかを考えることによって問題をつくります。

気づき❶

問題づくり
展開例⇒
36ページ

　Ｔ：どんな魚がつれましたか？（仕掛けにつく金属の種類に着目）

　Ｃ：クリップのついた魚はつれるけど、アルミはくがついた魚はつれなかったよ。

　Ｔ：つれた魚とつれない魚では、何がどのように違うのですか。

　Ｃ：つれた魚には、クリップがついていて、つれない魚には、アルミはくがついているよ。クリップは鉄でできていて、アルミはくはアルミニウムでできているから、金属の種類が違うね。

> 「つれた魚」と「つれない魚」を比較し、「金属の種類」と「関係付ける」

気づき❷

問題づくり
展開例⇒
37ページ

　Ｔ：どんな時に魚がつれましたか？（スイッチを入れた時と入れていない時に着目）

　Ｃ：スイッチを入れた時には、魚がつれて、入れていない時はつれなかったよ。

　Ｔ：スイッチを入れた時と入れていない時では、何がどのように違うのですか。

　Ｃ：スイッチを入れた時は回路に電流が流れて、スイッチを入れていない時は電流が流れていない。電流が流れる、流れないの違いがあるね。

> 「スイッチを入れた時」と「入れていない時」を比較し、「電流の流れ」と「関係付ける」

【問題０】「電磁石は、どのような性質があるのだろうか。」で明らかにすること。
　○電磁石は、（永久）磁石と同じ働きがある。
　○電磁石は、（永久）磁石と違い、電気が流れた時だけ働きが生じる。
　○電磁石が（永久）磁石と同じなら、極があるはず。
　○第３学年の学習から、極は方位磁針で調べられる。
　　　　　　　　　　　　→これらから、【問題１】につなげる。

○2つの違う事象の比較と関係付けで問題をつくる。

○3年の学習を手がかりに、電磁石で見られた事象を解釈する。

気づき❶

	ついているもの	金属の種類
つれた魚	クリップ	鉄
つれない魚	アルミはく	アルミニウム

　電磁石では、鉄が引きつけられる、それ以外のものは引きつけられないことを比較し、関係付けています。そして、第3学年で学んだ（永久）磁石と電磁石を比較して磁石の規則性を確認しています。電磁石に引きつけられるものと引きつけられないものを比較して規則性を導き、さらに既に学んだ（永久）磁石と電磁石とを比較し、それぞれ磁石の働きは同じであるこという解釈を確かめています。

電磁石に引きつけられた物と引きつけられない物を比べているね。

前の（永久）磁石と今の電磁石を比べているね。

気づき❷

	スイッチのON・OFF	回路
つれた時	スイッチを入れた	電流が流れる
つれなかった時	スイッチを入れなかった	電流が流れない

　電磁石に電流を流した時と、流さない時とを比較して、規則性を導いています。第3学年では、回路ができると電気が流れることを学んでいます。つまり、電気が流れると豆電球がつくことを学んでいます。

電流が流れている時だけ、磁石の働きになるのね。

電磁石が（永久）磁石と同じであれば、極があるはず。

電磁石によって、極が違うよ。極は何によって変わるのだろう。

【問題1】に対する予想や仮説の発想と実験の構想

> 【問題1】 回路に流す電流の向きを変えると、電磁石は、極が入れかわるのだろうか。

　この問題文には、電磁石の極は、電流の向きによって変わるのではないかという予想された要因が含まれています。さて、どのように指導したらよいのでしょうか。

　このように予想や仮説の発想をする際にも、今までの学習で獲得した知（内容的な知識と方法的な知識）を転移しています。

もとにする考え	内　　容
一方が反対になると、他方も反対になる。	4年「電流の働き」 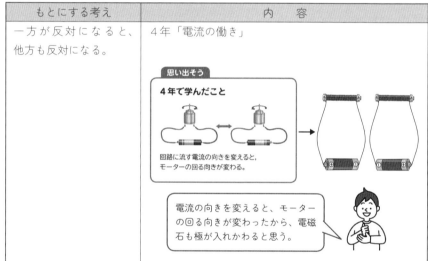

　予想や仮説を発想する際には、その根拠を明らかにする必要があります。この場合でいえば、「電磁石の極は電流の向きによって変わる」が考えとなり、「なぜなら、4年の学習にて電流の向きが変わるとモーターの回転が反対になったから」が根拠となります。普段の授業から、「考えと根拠」をセットで発言する習慣を身に付けさせておくとよいでしょう。

「4年での既習事項」と「関係付ける」

Point!

○予想や仮説を発想する際には、その理由となる根拠もセット
　で表現させる。
○実験の方法も、今までの学習を用いる。

　この問題を解決するためには、どのような実験を計画したらよいでしょうか。
どのような実験をしたら予想や仮説を確かめることができるのか、これに関し
ても児童たち自身が考えることが大切です。

実験の構想
展開例⇒
38ページ

　第3学年では、異極
は引きつけ合い、同極
同士は退け合うことを
学んでいます。その規
則性を転移させると、
方位磁針を用いれば電磁石の極を見つ
けることができると考えられます。

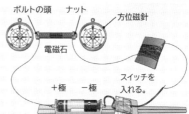

ボルトの頭　　ナット　　　　方位磁針

電磁石

＋極　　一極

スイッチを
入れる。

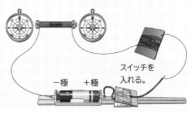

一極　　＋極

スイッチを
入れる。

かん電池ホルダーごと，かん電池の向きを変える。

自分の予想を確かめるためには、
何と何を比べたらよいですか？

乾電池の＋極が右側の時と左側の時を比べて、
電磁石の極が入れかわるかどうかを3年で学ん
だ方位磁針を使って調べたらよいです。

予想通りならば、乾電池の＋極を左側
にすると、電磁石のボルトの頭側がN
極になるはずです。

　実験を行う前に、自分の考えであれば、どのような結果になるのか、見通し
をもたせることも大切です。

「3年で学んだ実験方法」と「関係付ける」

【問題1】に対する結果の整理と結論の導出

　実験結果を記録します。電磁石の極は目には見えませんから、方位磁針の針を結果として記録し、その結果から電磁石の極を知ることになります。

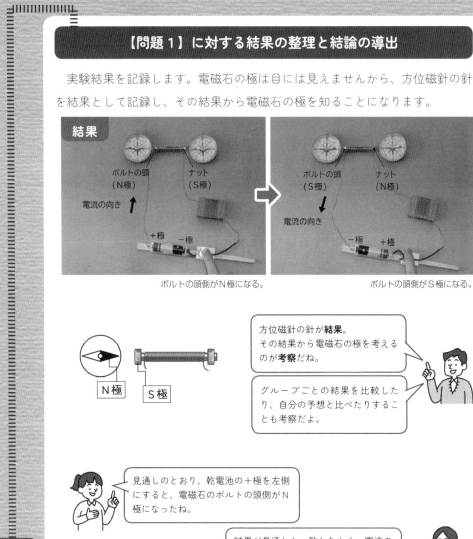

ボルトの頭側がN極になる。　　　　　　　　　ボルトの頭側がS極になる。

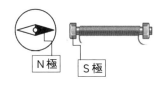

方位磁針の針が**結果**。
その結果から電磁石の極を考えるのが**考察**だね。

グループごとの結果を比較したり、自分の予想と比べたりすることも考察だよ。

見通しのとおり、乾電池の＋極を左側にすると、電磁石のボルトの頭側がN極になったね。

結果が見通しと一致したから、電流の向きを変えると、電磁石の極が入れかわるという予想が確かめられたね。

【結　論】　回路に流す電流の向きを変えると、電磁石は極が入れかわる。

授業づくり❺
【問題1】結果・結論

point! ○結果と考察は分けて考える。

○結論は、問題に正対して導出する。

　実験はグループごとに行い、それを学級全体の結果としてまとめることがあるでしょう。すると、次のようになることがあります。

	乾電池 ＋ 🔋 −		乾電池 − 🔋 ＋	
	方位磁針	電磁石	方位磁針	電磁石
1班	N極	S極 🔩	S極	N極 🔩
2班	S極	N極 🔩	N極	S極 🔩
3班	N極	S極 🔩	S極	N極 🔩

「既に学んでいる表による結果のまとめ」と「関係付ける」

　これを見ると、一見、違う結果になったように見えますが、乾電池の向き、すなわち電流の向きが変わると、極が変わるという規則性は同じです。

　　電磁石は、電流の向きを変えると、極が入れかわりますが、エナメル線の巻き方を変えても、N極とS極が入れかわります。

ボルトの頭から見て左まき 🌀↑

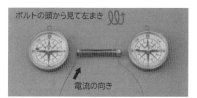

電流の向き

ボルトの頭から見て右まき 🌀

電流の向き

問題と結論は正対させる。
【問題1】　回路に流す電流の向きを変えると、電磁石は、極が入れかわるのだろうか。
【結論1】　回路に流す電流の向きを変えると、電磁石の極が入れかわる。

【問題2】に対する予想や仮説の発想

> 【問題2】 電磁石の働きを大きくするには、どのようにすればよいのだろうか。

この問題は、どのように導出されたのでしょうか。今までの学習と関係付けて考えてみましょう。魚つりゲームをして、児童は次のようなことに気づいています。

	重さ	つる時に必要な力
小さい魚	軽い	小さい
大きい魚	重い	大きい

気づき❸

電磁石の働きを大きくして、引きつける力を大きくすればいい！

予想や仮説
展開例⇒
38 ページ

もとにする考え	内　容
電流が大きくなると、作用が大きくなる。	4年「電流の働き」 **4年で学んだこと** 回路に流す電流の大きさを大きくすると、モーターは速く回る。 回路に大きい電流を流すと、モーターが速く回ったから、電磁石の働きも大きくなると思う。
一方が増えると、他方も増える。	⇒風を強くすると、物は遠くまで動く。 ⇒ゴムを長く伸ばすと、物は遠くまで動く。 ⇒物の振動が大きいと音が大きい。 ⇒日光を重ねると物がより温かくなる。 ⇒流れる水の速さ、量が増すと、土地の変化が大きくなる。 コイルの巻数を増やすと、電磁石の働きが大きくなるかもしれない。

「既習事項」と「関係付ける」

授業づくり❸
【問題2】予想や仮説

小さい魚はつれた。大きな魚はつれない。その違いは何だろうか。小さい魚は軽い。大きな魚は重い。大きい魚がつれなかったのだから、重い魚をつり上げるには、より大きな力が必要なのではないか。つまり、大きな魚がつれないことから、電磁石の強さと関係しているのではないかということが導き出されます。

小さな魚がつれて、大きな魚がつれないことを、電磁石の働きと関係付けるのね。

　左のように予想や仮説の発想をする際にも、今までの学びで創り出した知を転移してきました。また、電流の大きさとは直接の関係がなくても、一方が大きくなると、他方が大きくなるという関係性を根拠に、「コイルの巻数を増やすと、電磁石の働きが大きくなる」ということを発想することも大切です。この考えは、本単元以外でもよく用いられます。

量的な関係から、新たな事象をとらえるのね。

予想や仮説を立てる時も、問題文と合わせてつくるのね。

※以降、「予想や仮説」を「予想」と表記します。

〈予想A〉
電磁石の働きを大きくするには、電流の大きさを大きくすればよいだろう。

〈予想B〉
電磁石の働きを大きくするには、コイルの巻数を増やせばよいだろう。

※この場面では、関係付けること自体が学習です。

【問題2】に対する実験の構想

予想ができたら、実験の方法を考えます。

自分の予想を確かめるためには、何と何を比べたらよいですか？

A　電流の大きさを大きくする方法
乾電池1個の時と2個の直列つなぎの時と比べて、引きつけるクリップの数を比べればいいです。

B　コイルの巻数を増やす方法
100回巻の電磁石と200回巻の電磁石で、引きつけるクリップの数を比べればいいです。

　実験を計画する時には、調べたい条件だけを変え、それ以外の条件は同じにして調べる条件を制御する力を児童自身に身に付けさせることが大切です。

予想Aの実験計画	ア	イ
電流の大きさ （具体的な方法）	小さい（乾電池1個）	大きい（乾電池直列2個）
コイルの巻数 （具体的な方法）	変えない（100回巻）	変えない（100回巻）

予想Bの実験計画	ア	イ
電流の大きさ （具体的な方法）	変えない（乾電池1個）	変えない（乾電池1個）
コイルの巻数 （具体的な方法）	少ない（100回巻）	多い（200回巻）

「以前の学習で条件制御したこと」を「関係付け」て実験を構想する。

授業づくり❹【問題2】実験の構想

○条件制御しながら実験計画を立てる。

○電磁石の強さを知るために、何に置き換えるのか考える。

　条件を制御して調べる能力の育成は、特に第5学年に求められています。本単元の前の「植物の発芽、成長、結実」にて学習しています。

【空気】種子に空気をあたえる時とあたえない時で、発芽するかどうかを調べよう。

変える条件		同じにする条件
空　気	ア　あたえる	空気以外
	イ　あたえない	（温度、水、明るさなど）

【適した温度】種子を部屋の中と冷蔵庫の中に置いて、発芽するかどうかを調べよう。

変える条件		同じにする条件
温　度	ウ　部屋の中	温度以外
	エ　冷蔵庫の中	（空気、水、明るさなど）

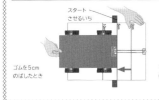

スタート
させるいち

ゴムを5cm
のばしたとき

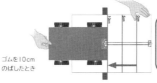

ゴムを10cm
のばしたとき

第3学年での「風やゴムの働き」でもやっているね。

　ここで最も大切なことは、電磁石の強さを、何で測定するのかということになります。

　電磁石の強さは目には見えませんから、何かに置き換えて調べることになります。多くの場合は、電磁石に引きつけたクリップの数で調べることが行われます。引きつけられたクリップの数が少なければ電磁石の強さは弱く、数が多ければ電磁石の強さが強いと考えるのです。

35ページ「もの化」

クリップの数が何を示しているのか考えることが大切なのね。

〈実験のコツ〉
200回巻の電磁石は、余ったエナメル線を使って作る。そうすることで、エナメル線の長さという条件を同じにすることができる。

これをやらないと実験はうまくいきません。

【問題2】に対する結果の整理

実験した結果を、それぞれ整理をしてみましょう。

結果の整理
展開例⇒
42 ページ

A　電流の大きさ　について

電流の大きさと電磁石が引きつけたクリップの数

	1回目	2回目	3回目	4回目	5回目
⑦乾電池1個	6個 (0.8 A)	3個 (0.8 A)	5個 (0.8 A)	7個 (0.8 A)	4個 (0.8 A)
⑦乾電池2個 の直列つなぎ	15個 (1.5 A)	16個 (1.5 A)	15個 (1.5 A)	11個 (1.5 A)	13個 (1.5 A)

B　コイルの巻数　について

コイルの巻数と電磁石が引きつけたクリップの数

	1回目	2回目	3回目	4回目	5回目
⑦100回巻	4個 (0.8 A)	5個 (0.8 A)	7個 (0.8 A)	6個 (0.8 A)	3個 (0.8 A)
⑦200回巻	12個 (0.8 A)	11個 (0.8 A)	14個 (0.8 A)	15個 (0.8 A)	13個 (0.8 A)

得られた結果をグラフに表してみましょう。

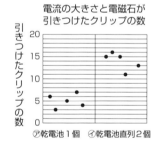

A　電流の大きさとクリップの数

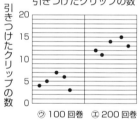

B　コイルの巻数とクリップの数

A　電流の大きさ　を大きくする方法

⑦　乾電池1個で調べた時
　　(6+3+5+7+4) ÷ 5 = 5
　　引きつけたクリップの数の平均は**5個**

⑦　乾電池2個の直列つなぎで調べた時
　　(15+16+15+11+13) ÷ 5 = 14
　　引きつけたクリップの数の平均は**14個**

B　コイルの巻数　を増やす方法

⑦　100回巻の電磁石で調べた時
　　(4+5+7+6+3) ÷ 5 = 5
　　引きつけたクリップの数の平均は**5個**

⑦　200回巻の電磁石で調べた時
　　(12+11+14+15+13) ÷ 5 = 13
　　引きつけたクリップの数の平均は**13個**

授業づくり❺
【問題2】結果の整理

実験結果が出たら、その結果の妥当性を見直します。結果そのものに妥当性がなければ、検討ができないからです。左ページのように表とグラフで表すと傾向を見出すことができます。例えば、**A　電流の大きさ**を乾電池１個で調べた時にばらつきがあります。同じく乾電池２個の直列つなぎの時にもばらつきがあります。児童にとっては、ばらつきによる違いなのか、電流の大きさによる違いなのか判断することができます。また算数科の平均は、同学年で学習をしますから、算数科での学習が終わる、終わらないにかかわらず、ここでの学習で平均の考え方に触れることができます。

実験結果を平均で整理する方法もあります。ばらつきは１つの数値になりますので考え易くなるメリットがあります。ところが、複数班で同じ条件で行った場合、違う数値になることが多くあります。その数値の違いが、結果のばらつきによるものなのか、電流の大きさによるものなのか判断に迷うことも起きる可能性があります。ですから表とグラフによる傾向を見ることも大切になります。

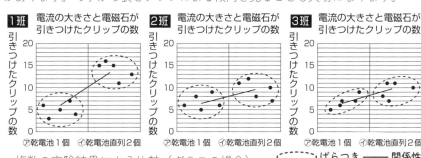

複数の実験結果による比較（グラフの場合）

‑‑‑‑‑ ばらつき　　━━━ 関係性

班	乾電池１個	乾電池直列２個
1班	5個	14個
2班	4.8個	11個
3班	5.4個	9個

複数の実験結果による比較（平均の場合）

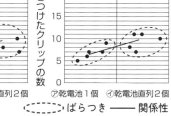

グラフで見る場合と、平均で見る場合が考えられます。それぞれの良さを児童の実態から判断して、グラフと平均のいずれを使うか使い分けるとよいですね。

※表やグラフも以前の学習を生かします。

見通しの通り、乾電池2個の直列つなぎの方が乾電池1個よりもクリップを多く引きつけたよ。

5回とも同じような結果になったから、電流の大きさを大きくすればよいという予想は確かめられたね。

結果の導出
展開例⇒
42ページ

【結　論】
A　電流の大きさ　電磁石の働きを大きくするには、回路に流す電流の大きさを大きくすればよい。

見通しのとおり、200回巻の電磁石の方が、100回巻の電磁石よりもクリップを多く引きつけたよ。

5回とも同じような結果になったから、コイルの巻数を増やせばよいという予想は確かめられたね。

【結　論】
B　コイルの巻数　電磁石の働きを大きくするには、コイルの巻数を増やせばよい。

考察の場面では、実験結果と予想を対比して何が言えるのか、それを考えることが大切です。

問題と予想との関係を整理しましょう。

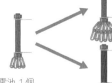

乾電池1個、
100回巻の電磁石

A 電流の大きさ を大きくする。
乾電池2個の直列つなぎ、100回巻の電磁石

B コイルの巻数 を増やす。
乾電池1個、200回巻の電磁石

自分の予想と結果を比較して、結論を出すことが大切です。

引きつけられたクリップの数は、実験結果です。この結果から、電流の大きさと電磁石の働きとの関係を考えます。

もの化について

　電磁石の働きは目に見えません。そこで、目に見える形にして調べるために、何かに置き換えて調べます。本単元であれば、電磁石に引きつけられるクリップの数によって検証します。実験で得られた結果から、電磁石の働きの大きさを考えます。

```
┌ 電磁石の働きは電流の大きさによって変わるだろう。（予想）
│     ┌ 電磁石の働きの大きさは、
│ も  │     引きつけられるクリップの数で調べる。（実験構想）
│ の  │
│ 化  └ 電磁石に引きつけられたクリップの数。（実験結果）
└ 電磁石の働きは電流の大きさによって変わる。（結論）
```

この問題と予想の関係を整理すると、次のようになります。

【問題2】電磁石の働きを大きくするには、どのようにすればよいのだろうか。	
〈予想A〉 電磁石の働きを大きくするには、電流の大きさを大きくすればよいだろう。	〈予想B〉 電磁石の働きを大きくするには、コイルの巻数を増やせばよいだろう。
〈予想Aを立てた時の結論〉 電磁石の働きを大きくするには、電流の大きさを大きくすればよい。	〈予想Bを立てた時の結論〉 電磁石の働きを大きくするには、コイルの巻数を増やせばよい。
【問題2の結論】電磁石の働きを大きくするには、電流の大きさを大きくしたり、コイルの巻数を増やしたりするとよい。	

（阪本 秀典）

ここまでの考え方をとりこんだ展開案は
次ページ以降のようなものになります。

2. 展開案モデル （5年 電流がつくる磁力）

板書①

9月○日　天気　晴れ　気温28℃

鉄のボルトとエナメル線で作ったしかけを使って、
魚つりゲームをしよう。

場面❶　・魚がつれる時とつれない時がある。
　　　　　→スイッチが入ると魚がつれる。

　　　　・つれる魚とつれない魚がある。
　　　　　　つれる魚　　　　　つれない魚
　　　　　　鉄のクリップ　　　アルミはく

・スイッチが入ると、磁石みたいに鉄が引きつけられる
　が、アルミはくは引きつけられない。
・回路に電流が流れると、磁石になるみたい。
　ならば、磁石の極があるのだろうか。

場面❷
○しかけに電流を流して、方位磁針を近づける。
　・人によって極がちがう。

問題　回路に流す電流の向きを変えると、電磁石は
　　　極が入れかわるのだろうか。

学習場面・教師（T）と児童（C）のやりとり
〇：主な活動

児童自身が学びをつくるポイント

場面❶　○自分が作った電磁石を使って、魚つりの活
　　　　動を行う。この際に、鉄のクリップを付けた
　　　　大きな魚と小さな魚を用意する。また、小さ
　　　　な魚には鉄のクリップを付けた魚とアルミは
　　　　くを付けた魚を用意しておく。
　　　　○各自が作った電磁石を使って、魚つりを行う。

この活動の意味

自分がつくった電磁石を使って、魚つり
を行うことを通して、つれる魚とつれな
い魚の違いから、魚による重さの違いと
魚についている金属の違いに着目できる
ような働きかけが必要である。

問題1
事象の提示
⇒20ページ

T：魚つりゲームをして、「魚がつ
れる時」と「魚がつれない時」の
違いは何でしょう？

∞∞∞∞∞∞∞∞ 比　較 ∞∞∞∞∞∞∞∞

つり上げられる時とつり上げられない時
のスイッチの on、off や魚の大きさ等の
違いに目が向くようにする。

POINT

つり上げることができる魚とつり上げる
ことができない魚の違いに目が向くよう
にする。何と何をどのような視点で比
較するかを明確化するのがポイント

C：スイッチを入れた時だけ、魚がしかけに引きつ
けられ、つることができました。
C：鉄のクリップをつけた魚はつれるけれど、アル
ミニウムはくをつけた魚はつれませんでした。
　　　C：鉄のクリップをつけた魚でも、小さい
　　　ものはつり上げられましたが、大きいも
　　　のは途中で落ちてしまい、つり上げるこ
　　　とができなかった。でも、もう少しで
　　　つり上げられそうでした。

鉄のクリップを付けた魚が引きつけられ、
アルミニウムはくを付けた魚は引きつけら
れなかった。似たようなことを見てこなかっ
たかなといった経験の想起を促す声かけを
行う。

問題1
問題づくり
気づき❶
⇒20、21ページ

POINT

金属であっても、鉄を引きつけて、アル
ミニウムは引きつけないという、3年で
獲得した磁石の性質を転移させて考える
ことを促す。こうした想定が大切！

T：鉄のクリップは引きつけられて、アルミニウムくは引きつけられなかったのは何か似たようなものはなかったかな。

C：電磁石は、磁石に似ている。
C：スイッチを入れると、鉄のクリップを引きつけたということは、電気が流れると、磁石のようになるということかな。
C：電磁石が磁石ならば、磁石の極があるのだろうか。
C：極があるのかは、方位磁針を使うと確かめることができる。

場面❷ ○方位磁針を使って、電磁石の極の有無を確かめる。

問題1
問題づくり
気づき❷
⇒ 22 ページ

C：しかけのスイッチを入れると極があるよ。だから、スイッチを入れると磁石になるんだ。

T：「人によって極が違う」と言っている人がいました。みなさん、どうでしたか。

C：しかけによって、ボルトの頭側がN極だったり、S極だったりするよ。
C：よく見ると乾電池の向きが違うね。
C：電流の向きを変えると、しかけのN極とS極が入れかわるのかな。
C：電気の流れる向きが違うと、モーターの回る向きが違ったのと似ている。

T：明らかにしたいことは何ですか？

POINT
経験の想起を促し、転移（磁石の性質や回路に電気が流れると豆電球が点灯する）を図ることができるようになれば、教師の声かけは不要になる。

・スイッチを入れると、豆電球が点灯したことを転移させて、作ったしかけは電気が流れると磁石のようになるという解釈ができるようになる。
・磁石ならば極があることを転移させる。また、極の存在は方位磁針で確かめることができることの転移。

◇◇◇◇◇◇◇◇◇◇ **関係付け** ◇◇◇◇◇◇◇◇◇◇
「スイッチを入れると、回路に電気が流れて、しかけが磁石になる。」ということとスイッチを入れると電気が流れて豆電球が点灯したことを似ている点として関係付ける。

「なに」と「なに」を「どうする」？

POINT
児童が自ら第4学年での学びの内容を想起できる状況であれば、「似たようなことがなかったかな。」といった教師からの声かけは、行う必要はない。

◇◇◇◇◇◇◇◇◇◇ **関係付け** ◇◇◇◇◇◇◇◇◇◇
電気の流れる向きと4年生のモーターの回転する向きとが電磁石の極がかわることが似ているという関係付け。

【問題1】 回路に流す電流の向きを変えると、電磁石は、極が入れかわるのだろうか。

○予想とその根拠を考える。

予想の例：乾電池の向きを変えて回路を流れる電流の
　　　　　向きをかえると、極が変わる。なぜならば、
　　　　　前の時間に極の有無を調べた時に乾電池の
　　　　　向きが違うとボルトの頭側の極が違ってい
　　　　　たから。

○実験の計画を立てる。

> T：自分の予想を確かめるためには、
> 　　何と何を比べたらよいですか？

> C：乾電池の＋極が右側の時と左側の時を比べて、
> 　　電磁石の極が入れかわるかどうかを調べるとよい
> 　　です。
> C：予想通りならば、乾電池の＋極を左
> 　　側にすると、電磁石のボルトの頭側が
> 　　N極になって、乾電池の＋極を右側に
> 　　すると、電磁石のボルトの頭側がS極
> 　　になるはずです。

実験① ○電流の向きを変えて、電磁石の極が入れか
　　　　　わるかどうかを調べる。

○考察を行う場面

> C：見通しの通り、乾電池の＋極を左側にすると、
> 　　電磁石のボルトの頭側がN極になって、乾電池の
> 　　＋極を右側にすると、電磁石のボルトの頭側がS
> 　　極になった。
> C：結果が見通しと一致したから、電流の向きを変
> 　　えると、電磁石の極が入れかわるという予想が確
> 　　かめられた。

○結論にまとめる。

【結論】　回路に流す電流の向きを変えると、電磁石は極が入れかわる。

> C：魚つりゲームを行った時、鉄のクリップがつい
> 　　た小さな魚はつり上げることができたのに、同じ
> 　　ように鉄のクリップがついた大きな魚は少
> 　　し上げると電磁石から離れてしまって、つ
> 　　り上げることができなかった。
> C：どのようにしたら、大きな魚もつり上
> 　　げることができるのだろう。

問題1
予想や仮説
具体例
⇒ 24 ページ

問題1
実験の構想
具体例
⇒ 25 ページ

POINT
予想がそのまま実験方法になっているとも
いえる。また、これまでの学びにおいても、
○○すると××になる、という関係の予想
を確かめてきており、その方法の考え方を
転移させている。

・この問題に関する予想は、問題が設定され
る前に極の違いが起こった要因を電流の流
れる向きとモーターの回る向きの転移から
解釈していた。その解釈に根拠を付けた形
になっている。

・「計画しよう」では、○○すると、××が
変わる。というこれまでの学習で考えてき
た方法を転移させて考えるようにする。ま
た、この学習内容では、予想が、そのまま
実験の方法となっている。

・これまでの学びの中でも、見通しと結果が
一致すれば、予想は確かめることができた
という考えのもっていきかたを転移させて
いる。

問題2
予想や仮説
具体例
⇒ 28 ページ

問題2
結果の整理と結論
の導出　具体例
⇒ 26 ページ

POINT
3年の理科の学習から、多くの班
の見通しと結果が一致すれば、予
想は確かめられるという考えの
持っていき方を転移させている。

○魚つりゲームをして、魚がつり上げられない事象に
出合い、電磁石の強さを変える要因を追究する問題
を設定する。

T：魚つりゲームで大きな魚はつれ
なかったですね。

P O I N T
多くの児童はつり上げることができる
魚に目が向く傾向がある。そこで、教
師は、つり上げることができない魚と
つり上げることができる魚の違いに目
が向くようにする。そこで、教師は「つ
れる魚とつれない魚は何が違います
か」という声かけを行う。

C：魚をつり上げるにはどうしたらいいか
な？
C：何を変えたら魚をつり上げられるかな？

・大きな魚と小さな魚の何の違いに目を向け
ればよいのかを考えるようにする。ゴムの
長さを伸ばすとゴムの力が大きくなって、
車が遠くまで走った。といったゴムの力と
車の走る距離といった関係付けの考え方を
転移させた。

T：つれる魚とつれない魚は何が違
いますか？

P O I N T
教師は、より重い魚をつり上げることが
できるようにするための手立てを考えら
れるような問いかけを行っている。

問題2
**問題づくり
気づき❸**
⇒ 28 ページ

C：大きさ？ 重さ？

・より大きなものを持ち上げるのにはより大
きな力が必要であるという考え方を転移さ
せることによって、大きい魚をつり上げる
には、強い力が出せる電磁石をつくると発
想できるようになる。

T：大きい魚や重い魚をつ
り上げるには、何を変え
たらよいですか？

C：電磁石の強さ。

・児童は、既習事項の中から、似たようなも
のがないか、探索し、転移できるのかを検
討していると解釈できる。

T：どうしてそう思うので
すか？

P O I N T
これまでに学んできたことの中に、似たよう
なことがないか思い起こす。また、電磁石の
強さを変えることに関係しそうな要因は、電
磁石を構成している乾電池とコイルである。
そこで、構成要素を変えると電磁石の強さが
変わると考えるならば、「乾電池の数を変え
る」、「コイルの巻数を変える」等のように、
考えのもって行き方の転移をさせている。

P O I N T
児童が自ら転移できるように、既有経験
を想起できるような声かけを教師が行う。

C：豆電球の時……、モーターの時……、
導線に電流を流した時……。
C：強い電磁石をつくるのには、何を変え
ればよいのかを考えて行けばよいのだ。
C：だから、問題はこうなる。

・自力で予想を立てられない児童には、ア→
エへと徐々に発問を具体化させていき、児
童が自ら転移できやすいように既有経験を
想起できるようにする。

【問題2】 電磁石の働きを大きくするには、どのようにすればよいのだろうか。

T：明らかにしたいことは何ですか？（問題設定を促す発問）

T：問題に対する予想を立てましょう。

ア　全体への発問（自力で予想が出せる児童に対して）

T：似たようなものはありませんか？　何が関係しているかな？

C：ゴムの本数を増やすと、ゴムカーは遠くまで進みました。このような関係を電磁石にあてはめると乾電池の数を増やすと電磁石が強くなると考えられます。

イ　転移させるのに状況を少し想起させる声かけが必要な児童への声かけ ●

T：電気の学習で似たようなものはありませんか？

ウ　さらに転移させるのに焦点化した状況を想起させることが必要な児童への声かけ

T：電気の学習で、豆電球を明るくする方法を覚えていませんか？

C：乾電池を直列に増やすと豆電球が乾電池1個に比べて明るくなりました。

T：それを、電磁石に当てはめると、どうなりますか？

〈想定される転移させるもの〉
・電流を大きくすると豆電球が明るく点灯した。
・電流を大きくするとモーターが速く回った。
・電流以外で、力やエネルギーを大きくすると作用が大きくなる。
・導線に電流を流すと磁力が発生する。1本だと微力だけど、束になれば強い力になる。

POINT
児童の実態に応じて、以下のイ〜エの3つを児童が自ら転移できるかによって教師の声のかける内容や学習場面の作り方を変えていくことになる。

POINT
　予想や仮説をつくる段階では、徐々に、児童が自ら知識を転移できるようになるまでは、既有経験を想起できるような声かけを教師が行う。
　この電磁石の学習では、以下のような段階を踏んでいる例を示した。
■**アの段階**：児童が個々に予想や仮説を立てることができる段階
■**イの段階**：既習内容の中に似たようなものがなかったか想起させる段階
■**ウの段階**：既習の中でも最も近い内容の学習内容の想起を促す声かけを行う段階なので、ここでは回路を流れる電流の大きさを変えると何が変わるのかを想起させる声かけを行っている。
■**エの段階**：「回路を流れる電流の大きさを大きくすると豆電球が明るくなった。」という関係まで示して、それと同じような関係が電磁石に転移できないかを促す教師の声かけ。

　以上のように、児童の実態に応じて、教師は声のかけ方を全体あるいは、個々の児童に声をかけていく必要性を示している。

エ 電流の大きさと豆電球の明るさの関係まで示し、関係で転移を促すことが必要な児童への声かけ

問題2
実験の構想
具体例
⇒ 30 ページ

T：電流の大きさと豆電球の関係を当てはめてみましょう。

T：電流を大きくすると、豆電球は明るくなりましたね。

T：導線に電流を流すと、どのような変化がおきましたか。

T：導線に電流を流すと、磁力が発生しましたね。

T：乾電池の数を増やすと、豆電球は明るくなりましたね。

例えば：
・乾電池を増やすと→豆電球が明るくなる
・乾電池を増やす→モーターが速く回る
・[?]→電磁石の力が強くなる

T：自分の予想を確かめるためには、何と何を比べたらよいですか？

※電流の大きさを変える時とコイルの巻数を変える時を分けて考える様にするのか、同時に考えるのかも児童の状況で検討していく。

POINT
実験構想段階から、複数の仮説が考えられた時には、学級全体で仮説毎に一つ一つ確かめるか、個々の児童が時間を決めて各自確かめていくのか、児童の実態に応じて学習の進め方を検討していく。

POINT
条件を制御して調べることは、植物の発芽と成長や振り子の学習で考えてきている。児童の実態に応じて、「変える条件、同じにする条件」を考えて実験の構想ができるようにする。

・複数の条件のどれが関係するのかを確かめる時には、1つの条件ずつ変えて確かめていく。
・比較実験を行う時には、調べたい条件だけを変える。
・電磁石の強さを、電磁石に引きつけるものの重さや数に置き換えて考えていく。

POINT
電磁石の強さを比べるのに、何と何をどのような視点で比べるのかを考えていく声かけを児童の実態に応じて教師は行うことで、「比べる対象と何で比べるのか」という考え方を転移できるようになる。

・結果の見通しを立てる必要性を転移させることができていなければ教師側から声をかける。

POINT
結果の見通しを立てる段階で、以前に学んだ振り子の運動の単元での結果の整理の方法を転移させて、表やグラフを使って結果の見通しをさせることも大切である。この点も児童の実態に応じて何をこの単元で育てるのかを考えて単元展開を考えていきたい。

・振り子の時の結果の整理方法を転移させて、結果の整理を行うようにする。結果の見通しと容易に比較ができる整理の方法を採用できるように配慮をする。⇒66 ページ

・振り子の学習の時に結果の見通しと同じであったならば、予想が確かめられたと考えたことを転移させる。この考え方は、3年生から同じ考え方を転移させてきている。
・発芽の条件を確かめた時に、自分の班の結果だけでなく、ほかの班の結果も見るという考え方を転移させる。

C：電流の大きさを大きくする（予想A）方法は、
　乾電池1個の時と2個の直列つなぎの時で、引き
　つけるクリップの数を比べればよいです。
　　C：コイルの巻数を増やす（予想B）方法は、
　100回巻の電磁石と200回巻の電磁石で、
　引きつけるクリップの数を比べればよい
　です。

P O I N T
結果の見通しを立てることは、実験後の結論
を出していく際に必要であるが、そうした考
察と結論の導出の手続きの転移ができない場
合には、教師側から声をかける。

ここに実験操作の場面が入りますが、ここでは省略します。
単元展開案の中では、主な活動内容・主な児童の反応・留意点を記載します。

問題2
**結果の整理
具体例**
⇒ 32 ページ

※結果の見通しを表やグラフを使って表現しているの
　であれば、結果の見通しと容易に比較ができるよう
　に同じ方法で結果を整理する。

問題2
**結論の導出
具体例**
⇒ 34 ページ

T：結果の見通しと結果を比べて、
　違いがありますか？

P O I N T
考察と結論の場面では、結果の見通しと結果
の違いを見出し、その違いがあればその要因
を考えるようにする。それらの違いが見出せ
なければ、予想は確かめることができたと判
断できる。こうした考えの転移ができれば、
教師からの声かけは不要である。

C：見通しの通り、乾電池2個の直列つなぎの方が
　乾電池1個よりもクリップを多く引きつ
　けたよ。
　　C：5回とも同じような結果になったから、
　電流の大きさを大きくすればよいという
　予想を確かめられたね。

【結論】　電磁石の働きを大きくするには、回路に流す電流の大きさを大きくすればよい。

（石井 雅幸・加藤 啓介）

単元展開案編

■授業づくり編で書いたことを基にした内容を他単元に当てはめた事例を紹介します。

■また、各事例の最後に「**学びの系統表**」を載せています。該当単元では子供たちがもっているどの「知」を、転移させているのかを整理して示しています。

単元展開

6年 水溶液の性質

板書①

5種類の水溶液を見比べてみよう
水と比べて……

場面❶

うすい塩酸
においがあるのでは？

食塩水
蒸発させたら出てくる

それぞれに
性質がありそう

石灰水
二酸化炭素に反応する

炭酸水
泡が出ている。
二酸化炭素がふくまれ
ている。

アンモニア水
においがあるのでは？

見た目だけでは……

ほかにも違いが？

問題 **5種類の水溶液には、どのような性質の違いがあるのだろうか。**

学習場面・教師（T）と児童（C）のやりとり
○：主な活動

児童自身が学びをつくるポイント

場面❶ ○5種類（うすい塩酸、炭酸水、食塩水、石灰水、うすいアンモニア水）の水溶液を見比べ、それぞれの性質の違いを明らかにする問題をつくる。

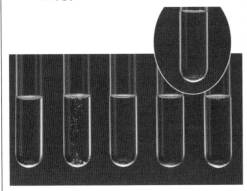

T：それぞれの水溶液の水との違いは何でしょう？

C：炭酸水は泡が出ていて、ほかの水溶液は泡が出ていないね。
C：炭酸水は見た様子が違うけれど、ほかにどんな違いがあるのかな。

この活動の意味

5種類の水溶液を比較する活動を通して、水溶液の性質を判断する視点（見た様子、においの有無、蒸発させる、二酸化炭素にふれさせる）を明確にするために、この活動を行う。そのため、性質の違いに着目できるような働きかけが必要である。

◇◇◇◇◇◇◇◇◇ **比 較** ◇◇◇◇◇◇◇◇◇

水を基準にして、5種類の水溶液の性質の違いに目が向くようにする。
・泡が出ているもの
・二酸化炭素に反応するはずのもの

視点を明確にすることで
考えやすくする。
など

「なに」と「なに」を比べる？

POINT

「児童は、これまでに獲得した学習内容の何を使ったら考えやすくなるだろうか」と**事前に想定することが大切**となる。

学習のつながり
3年 物の重さ
5年 物の溶け方
6年 水溶液の性質
中学1年 水溶液

T：１つの水溶液は泡が出るという性質がわかりましたが、ほかの水溶液の性質は明らかにできそうですか？

T：これまでに学んだ水溶液にはどのような性質の違いがありましたか？

児童主体の活動となるよう、児童の言葉で問題をつくることができるように働きかける。

◇◇◇◇◇◇◇◇◇◇ 関係付け ◇◇◇◇◇◇◇◇◇◇
・【５年】食塩やミョウバンを蒸発乾固すると、とけたものが析出することを思い出させる。
・【６年】二酸化炭素は石灰水に反応することを思い出させる。
・生活経験から水溶液はにおいや見た様子が違うものものあることを思い出させる。
以上のような既習事項や生活経験と目の前の水溶液との似たことを関係付けられるようにする。

「なに」と「なに」を「どうする」？

C：蒸発させることで、とけている物を取り出すことができるはずなので、明らかにできると思います。
C：見た様子やにおいも手がかりにできると思います。
C：石灰水は二酸化炭素にふれさせることで明らかにできそうです。
C：水の量や温度によってとけ方が違うという性質がありました。

T：明らかにしたいことは何ですか？

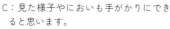

【問題】　５種類の水溶液には、どのような性質の違いがあるのだろうか。

○予想と、その根拠を考える。

T：問題に対する予想は何ですか？

C：蒸発させるととけている物が出てくるという性質がある水溶液があると思います。なぜなら、食塩水の中には食塩が入っているため、蒸発させたら食塩の白いつぶが出てくるはずだからです。
C：二酸化炭素をふれさせると違いがあると思います。なぜなら、「燃焼の仕組み」の学習で、石灰水が白くにごったからです。
C：においの違いがあると思います。なぜなら、塩酸やアンモニア水なら洗剤や薬のようなにおいがするはずだからです。

◇◇◇◇◇◇◇◇◇◇ 関係付け ◇◇◇◇◇◇◇◇◇◇
・【５年】食塩やミョウバンを蒸発乾固すると、とけたものが析出することを思い出させる。
・【６年】二酸化炭素は石灰水に反応することを思い出させる。
・生活経験から水溶液はにおいや見た様子が違うものものあることを思い出させる。
以上のような既習事項や生活経験と目の前の水溶液との似たことを関係付けて考えられるようにする。

○実験の計画を立てる。

T：自分の予想を確かめるには、何と何を比べたらよいですか？

これまでの学習を使って考えるとどうなるだろう？

C：見た様子、においがあるかどうか、蒸発させた
時に出てくる物、二酸化炭素にふれさせた時の変
化に違いがあると思うから、5つの水溶液全てで
確かめて比べるといいと思いま
す。
C：実験結果を表で整理すると違
いがわかりやすいと思うよ。

◇◇◇◇◇◇◇◇◇ **関係付け** ◇◇◇◇◇◇◇◇◇
・表やグラフを用いて整理をすると性質の違
いがわかりやすくなることを思い出させる。
・【6年】空気中の二酸化炭素の変化を
石灰水を使うことで、見た目ではわか
らないものを見える形にして判断でき
るようになることを思い出させる。
以上のような既習事項での結果の処理方法
と目の前で考えている実験方法との似てい
ることを関係付けて考えられるようにする。

板書②

問題 | 5種類の水溶液には、どのような性質の違いがあるのだろうか。

結果 **場面②**

塩酸	1班	2班	3班	4班
見た様子	無色透明	無色透明	無色透明	無色透明
におい	少しにおう	におう	におう	少しにおう
水を蒸発	出てこない	出てこない	出てこない	出てこない
二酸化炭素	変化なし	変化なし	変化なし	変化なし

※他の4種類の水溶液も同様の表を準備して結果を共有する。

考察 結果はどの班も同じような結果になったので、信頼
できる結果といえる。
予想通り、見た様子、におい、水を蒸発させた時の
様子、二酸化炭素にふれさせた時の変化という視点で
みると、水溶液の性質の違いが明らかになった。
アンモニア水と塩酸は同じような性質をもつので、
さらに明確に分類できないか。
蒸発させても何も出てこなかったものは何がとけて
いたのだろうか。

結論 5種類の水溶液には、見た目やにおい、水を蒸発さ
せた時の様子、二酸化炭素をふれさせた時の変化など、
いくつかの性質の違いがある。

学習場面・教師（T）と児童（C）のやりとり
○：主な活動

児童自身が学びをつくるポイント

場面② ○実験1：5種類の水溶液について、見た様
子やにおい、水を蒸発させたとき、二酸化炭
素をふれさせたときの違いを調べよう。

○考察を行う。

T：実験結果を見て、自分の予想を確
かめることはできたといえますか？
T：実験結果に納得できない場合は、
何を変える必要がありますか？

C：アンモニア水は薬のようなにおいがするという
結果が、予想と一致しました。
C：水を蒸発させると、食塩水のほかに石灰水も白
い固体が出ました。
C：これらの結果から5種類の水溶液には、いくつ
かの性質の違いがあるといえます。

これまでの実験結果はどのよ
うに整理・分析してきたかな？

◇◇◇◇◇◇◇◇◇ **関係付け** ◇◇◇◇◇◇◇◇◇
【6年】気体検知管が示す数値と石灰水
が白く濁った結果をもとに自分の予想が
確かめられたかを考えた時のように、複
数の実験結果をもとに、自分の予想が確
かめられたかを考える。
以上のような既習経験と目の前の結果の
処理との似ている点を関係付けて考えら
れるようにする。

○結論にまとめる。

【結論】5種類の水溶液には、見た目やにおい、水を蒸発させた時の様子、二酸化炭素をふれさせた時の変化など、いくつかの性質の違いがある。

> 児童主体の活動となるよう、児童の言葉で結論を導くことができるように働きかける。

書③

問題 5種類の水溶液には、どのような性質の違いがあるのだろうか。

考察 アンモニア水と塩酸は同じような性質をもつので、さらに明確に分類できないか。

→ リトマス紙で確かめよう。
青→赤：酸性
変化なし：中性
赤→青：アルカリ性

結果 場面③

リトマス紙	1班	2班	3班	4班
塩酸	青→赤	青→赤	青→赤	青→赤
炭酸水	青→赤	青→赤	青→赤	青→赤
食塩水	変化なし	変化なし	変化なし	変化なし
石灰水	赤→青	赤→青	赤→青	赤→青
アンモニア水	赤→青	赤→青	赤→青	赤→青

考察 結果はどの班も同じような結果になったので、信頼できる結果といえる。

食塩水はしょっぱいから酸性と思ったけれど、中性というのは新たな発見だった。

アンモニア水と塩酸を明確に分類できた。

結論 5種類の水溶液には、リトマス紙につけた時の色の変化による違いがあり、青色のリトマス紙が赤くなるもの、赤色のリトマス紙が青くなるもの、色が変化しないものに分けられる。

学習場面・教師（T）と児童（C）のやりとり
○：主な活動

場面③ ○実験1-2：5種類の水溶液をリトマス紙につけて、色の変化を調べよう。

○考察を行う。

T：実験結果を見て、どのようなことがいえますか？

C：青色のリトマス紙が赤くなったのは塩酸と炭酸水で赤色のリトマス紙が青くなったのは石灰水とアンモニア水だね。

C：食塩水は、ほかと違って青色のリトマス紙の色も赤色のリトマス紙の色もかえないんだね。

児童自身が学びをつくるポイント

この活動の意味

うすい塩酸とアンモニア水は実験1の結果からでは判断がつかない。そこで、新たな分類の方法としてリトマス紙を提示して、新たな分類ができるようにするためにこの活動を行う。

◇◇◇◇◇◇◇◇◇ **関係付け** ◇◇◇◇◇◇◇◇◇
【6年】気体検知管が示す数値と石灰水が白く濁った結果をもとに自分の予想が確かめられたかを考えた時のように、これまでに行った複数の実験結果をもとに、自分の予想が確かめられたことが、今回の考察でも同じようにできるのかを関係付けて考えることができるようにする。

○結論にまとめる。

【結論】5種類の水溶液には、リトマス紙につけ
た時の色の変化による違いがあり、青色のリ
トマス紙が赤くなるもの、赤色のリトマス紙
が青くなるもの、色が変化しないものに分け
られる。

児童主体の活動となるよう、児童の言葉で結論を導くことができるように働きかける。

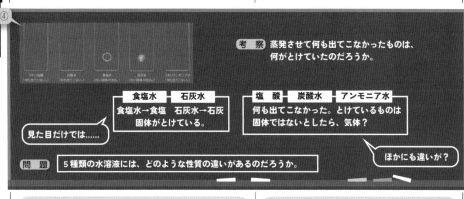

考察 蒸発させて何も出てこなかったものは、何がとけていたのだろうか。

食塩水	石灰水
食塩水→食塩固体がとけている。	石灰水→石灰固体がとけている。

見た目だけでは……

塩酸 炭酸水 アンモニア水
何も出てこなかった。とけているものは固体ではないとしたら、気体?

ほかにも違いが?

問題 5種類の水溶液には、どのような性質の違いがあるのだろうか。

学習場面・教師（T）と児童（C）のやりとり
○：主な活動

児童自身が学びをつくるポイント

場面④ ○実験1で、5種類の水溶液から水を蒸発さ
せると、食塩水と石灰水は白い固体が出たけ
れど、塩酸、炭酸水、アンモニア水は何もで
なかった現象から、その違いの要因を明らか
にする問題をつくる。

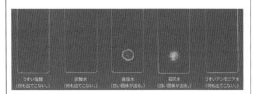

うすい塩酸
（何も出てこない。）　炭酸水
（何も出てこない。）　食塩水
（白い固体が出る。）　石灰水
（白い固体が出る。）　うすいアンモニア水
（何も出てこない。）

T：とけたものが出てきた水溶液と
そうでない水溶液の違いは何で
しょう？
T：水に何かがとけているはずなの
に、目には見えないとはどういう
ことなのでしょう？

この活動の意味

5年生までの学習では、水溶液の水を蒸
発させるととけているものが析出する
が、実験1では、何も出てこない水溶液
もあった。析出したものの違いに着目し、
その要因に対する問題意識を高めるため
にこの活動を行う。

◇◇◇◇◇◇◇◇◇◇ 比 較 ◇◇◇◇◇◇◇◇◇◇

水を基準にし、とけたものが目に見える形
で出てきた水溶液とそうでない水溶液を比
較し、性質の違いに目が向くようにする。

・食塩水と石灰水は水を蒸発させると何
かの粒が出てきたから水の中に固体が
とけているはず。
・炭酸水は何も出てこなかった。泡は気
体かもしれない。

C：塩酸やアンモニア水はにおい
　がしたから、何かにおいのする
　ものがとけているのかな。
C：炭酸水から泡が出ていたか
　ら、何か気体がとけているのか
　な。

◇◇◇◇◇◇◇◇ 関係付け ◇◇◇◇◇◇◇◇
・生活経験から気体がとけている水溶液
　もあることと、目の前の水溶液との似
　ていることを考えられるようにする。

T：明らかにしたいことは何ですか？

【問題】 水溶液には、気体がとけているものがあるのだろうか。

○予想とその根拠を考える。
T：問題に対する予想は何ですか。

これまでの生活経験を使って考える
とどうなるだろう？

C：炭酸水の原材料名に「水、二酸化炭素」と書い
　てあるから二酸化炭素がとけ
　ていると思う。
C：炭酸水の泡が二酸化炭素な
　ら石灰水にふれると石灰水が
　白くにごるはずだね。

◇◇◇◇◇◇◇◇ 関係付け ◇◇◇◇◇◇◇◇
・生活経験から気体がとけている水溶液
　の存在と、目の前の水溶液との似てい
　ることに気づけるようにする。

○実験の計画を立てる。

T：自分の予想を確かめるには、何
　を使って、どのような手順で調べ
　ればいいですか？

C：炭酸水から出ている泡を集めたいね。
C：炭酸水を入れた容器にふたをすれば、
　泡に含まれているものが集められると思
　う。

◇◇◇◇◇◇◇◇ 関係付け ◇◇◇◇◇◇◇◇
・【6年】空気中の二酸化炭素の変化に
　ついて、石灰水を使うことで、見た目
　ではわからないものを見える形にして
　判断できたことと、今回の実験計画と
　の似ていることに気づけるようにする。

○実験2：炭酸水から出ている気体が二酸化炭素かど
　うかを調べよう。
○考察を行う。

T：実験結果を見て、自分の予想を
　確かめることはできたといえます
　か？

C：石灰水が白くにごったから、炭酸水から
　出ている気体が二酸化炭素だという予想は
　確かめられたね。

○結論にまとめる。

【結論】水溶液には、気体がとけているものがあ
　　　　る。例えば、炭酸水には二酸化炭素がとけて
　　　　いる。

◇◇◇◇◇◇◇◇◇◇◇◇ 関係付け ◇◇◇◇◇◇◇◇◇◇◇◇
炭酸水の泡が二酸化炭素なら石灰水にふ
れると石灰水が白くにごるはずなどと
いった既習経験と今回の実験方法との似
ていることを結び付けて考え、結果の見
通しを考えることができるようにする。

児童主体の活動となるよう、児童の言葉で結
論を導くことができるように働きかける。

6年 水溶液の性質

板書⑤

アルミニウムに塩酸を注いでみると……

これまでとのちがいは
　　水→塩酸
　　水にとけるもの（食塩など）→水にとけないもの（金属）

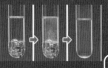

金属のゆくえは？

変化は？
金属が泡を出して見えなくなった。

問題　塩酸にとけたアルミニウムはどうなるのだろうか。

予想　塩酸の中に存在しているはず。
　　　食塩やミョウバンが水にとけて見えなくなったのと
　　　同じだと思うから。

　　　気体となって空気中に出たはず。
　　　塩酸をアルミニウムに注いでみた時に泡が出た。
　　　これは二酸化炭素が水にとけている時と似ている
　　　から。

学習場面・教師（T）と児童（C）のやりとり
○：主な活動

児童自身が学びをつくるポイント

場面⑤ ○アルミニウムに塩酸を注いで、様子を見る

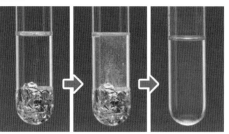

この活動の意味

本時までの学習では、固体や気体が水の
中にとけている水溶液について追究して
きたが、本時からは、水ではなく、うす
い塩酸でとかす。溶媒が変わった時の水
溶液の性質に対する問題意識を高める
ためにこの活動を行う。

T：うすい塩酸には、どのような性
　質があると考えられますか？
T：うすい塩酸を注いだアルミニウ
　ムは、どのような変化がありまし
　たか？

◇◇◇◇◇◇◇◇◇◇◇◇ 比　較 ◇◇◇◇◇◇◇◇◇◇◇◇
うすい塩酸の様子を基準にして、アルミ
ニウムを入れてアルミニウムが見えなく
なった水溶液の様子を比較して、性質の
違いに目が向くようにする。

C：アルミニウムが泡をだしてとけて
　見えなくなったよ。
　　　C：うすい塩酸には、金属
　　　　をとかす性質があると考
　　　　えられます。

　　　C：アルミニウムは目に見えなくなったけ
　　　　れど、泡が発生していたから気体になっ
　　　　たかもしれないね。

◇◇◇◇◇◇◇◇◇ **関係付け** ◇◇◇◇◇◇◇◇◇
・【5年】ものを水の中にとかして目に
　見えなくなっても水の中に存在してい
　るということを思い出させる。
・【6年】水溶液の中には気体がとけて
　いるものがあることを思い出させる。
以上のような既習事項と目の前の水溶液
との似ていることに気づくようにする。

T：明らかにしたいことは何ですか。

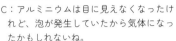
【問題】　塩酸に溶けたアルミニウムは、どうなるのだろうか。

○予想とその根拠を考える。
T：問題に対する予想は何ですか。

C：食塩やミョウバンが水にとけて見えなくなった
　のと同じだと思う。
C：液にとけているのなら、水を蒸
　発させると、元のアルミニウムが
　出てくるはずだね。

C：アルミニウムは泡になって出て
　いったと思う。
C：気体になったのなら、水を蒸発させてもアルミ
　ニウムは出てこないはずだね。

◇◇◇◇◇◇◇◇◇ **関係付け** ◇◇◇◇◇◇◇◇◇
・【5年】ものを水の中にとかして目に
　見えなくなっても水の中に存在してい
　るということを思い出させる。
・【6年】水溶液の中には気体がとけて
　いるものがあることを思い出させる。
以上のような既習事項と、目の前の水溶
液の似ていることに気づくようにする。

○実験の計画を立てる。

T：自分の予想を確かめるには、何
　を使って、どのような手順で調べ
　ればいいですか？

C：アルミニウムをうすい塩酸にとかし
　た水溶液を蒸発させれば、アルミニウ
　ムがどうなったかがわかるはずだよ。

◇◇◇◇◇◇◇◇◇ **関係付け** ◇◇◇◇◇◇◇◇◇
【5年】食塩やミョウバンを蒸発乾固す
ると、とけたものが析出したことと、今
回の実験方法との似ていることに気づく
ようにする。

板書⑥ 問題 塩酸にとけたアルミニウムはどうなるのだろうか。

薬包紙

実験3で出てきた白い固体　アルミニウム　　実験3で出てきた白い固体　アルミニウム

蒸発させて出てきたものは？
アルミニウム？　ちがう物質？
→水や塩酸に入れて変化を見れば確かめられるはず。

考察 予想と違って元のアルミニウムと同じといえそうにありません。

結論 塩酸にとけたアルミニウムは、元のアルミニウムとは別のものに変化する。

学習場面・教師（T）と児童（C）のやりとり
○：主な活動

児童自身が学びをつくるポイント

場面⑥ ○実験3：液から水を蒸発させて、塩酸にとけたアルミニウムが出てくるか調べよう。

薬包紙

この活動の意味

うすい塩酸の中に入れる前のアルミニウムの状態と明らかに違う様子に着目させ、溶媒が変わった時の水溶液の性質に対する問題意識を高めるためにこの活動を行う。

T：実験結果を見て、自分の予想を確かめることはできるといえますか？
T：実験結果に納得できない場合は、何を変える必要がありますか？

◇◇◇◇◇◇◇◇ 比　較 ◇◇◇◇◇◇◇◇

アルミニウムと、うすい塩酸にアルミニウムをとかした水溶液を蒸発させて析出した物質とを比較して、様子の違いに目が向くようにし、うすい塩酸の性質について問題意識を高められるようにする。

C：出てきたけれど、見た様子がアルミニウムとは全然違うから、自分の考えが確かめられたかよくわからないよ。
C：白い固体はアルミニウムだと思う。食塩のようにいったんとけたものが出てきたんだよ。
C：結果と、何も出てこないという見通しが一致しなかったから、自分の予想は違っていたよ。
C：食塩とは違って、泡を出してとけたから、きっと白い固体はアルミニウムではない別のものだと思う。

◇◇◇◇◇◇◇◇ 関係付け ◇◇◇◇◇◇◇◇

【6年】前時までに行った、うすい塩酸は金属をとかすという性質があることや、5年の食塩やミョウバンを蒸発乾固すると、水にとかした食塩やミョウバンが析出することを、今回の実験方法との似ていることと結び付けて考えられるようにする。

T：実験3で出てきた白い固体が元
　のアルミニウムかどうかを確かめ
　るには、何と何を比べればいいで
　すか？

C：アルミニウムは塩酸に泡を出してとけたから、
　白い固体も泡を出してとけるか調べるといいよ。
C：アルミニウムは水にとけないから、
　水へのとけ方をアルミニウムと白い固
　体で調べるといいよ。

◇◇◇◇◇◇◇◇◇ **関係付け** ◇◇◇◇◇◇◇◇◇
【6年】既習の空気中の二酸化炭素の変
化について、石灰水を使うことで、見た
目ではわからないものを見える形にして
判断できるようになったことと、今回の
実験方法との似ていることから、実験方
法を考えられるようにする。

○実験3-2：塩酸や水へのとけ方を比べて、実験3
　で出てきた白い固体が元のアルミニウムかどうか
　を調べよう。

泡

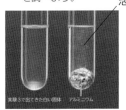
実験3で出てきた白い固体　アルミニウム
塩酸

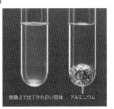
実験3で出てきた白い固体　アルミニウム
水

○考察を行う。

T：実験結果を見て、自分の予想を
　確かめることはできたといえます
　か？
T：実験結果に納得できない場合は、
　何を変える必要がありますか？

C：予想と違って、塩酸に泡を出さずにとけたから、
　元のアルミニウムと同じといえそうにありません。
C：アルミニウムと白い固体は
　性質が違うから、予想通り、
　別のものになったといえそう
　です。

◇◇◇◇◇◇◇◇◇ **関係付け** ◇◇◇◇◇◇◇◇◇
【6年】気体検知管が示す数値と石灰水
が白く濁った結果をもとに自分の予想が
確かめられたかを考えた時と同じよう
に、今回の結果も複数の実験結果をもと
に、自分の予想が確かめられたかを考え
られるようにする。

○結論にまとめる。

【結論】塩酸にとけたアルミニウムは、元のアル
　　　　ミニウムとは違う別のものに変化する。

児童主体の活動となるよう、児
童の言葉で結論を導くことがで
きるように働きかける。

（写真提供：コーベット・フォトエージェンシー）

6年　水溶液の性質

　授業をつくる際には、今までの児童の学びを十分に加味しながら検討することが必要になります。学びの系統表には、今までの学習で得られた「知」（知識や概念、得られた知識とは直接は関わらないものの、質的・実体的な見方による系統や生活経験によるつながり等）をまとめました。

　本章では、第6学年「水溶液の性質」を例に説明します。

本単元までの知識や概念の系統

単元	学習内容	本単元内容との関わり
第5学年 **物の溶け方**	・物が水にとける量は水の温度や量、とけるものによって違うこと。また、この性質を利用して、とけている物を取り出すことができること。	・水を蒸発させ、析出したものに着目すれば、水溶液にとけているものを判別することができる。 …… **45ページ**
第6学年 **燃焼の仕組み**	・二酸化炭素が含まれていると石灰水は白くにごること。	・水溶液には、気体がとけているものがあること。…… **45ページ**

質的・実体的な見方による系統

単元	学習内容	本単元内容との関わり
第3学年 **物と重さ**	・物は体積が同じでも重さは違うことがあること。	・物質によって性質が違い、この性質の違いで分類することができる。 …… **44ページ**
第3学年 **電気の通り道**	・電気を通す物と通さない物があること。	・比較し共通点と差異点を発見することによって、性質の違いを明らかにできる。…… **48ページ**
第3学年 **磁石の性質**	・磁石に引きつけられる物と引きつけられない物があること。また、磁石に近づけると磁石になる物があること。	

第4学年 金属、水、空気と 温度	・金属、水及び空気は、温度による体積や状態の変化、熱の伝わり方がそれぞれ異なる。	・固体だけでなく、液体や気体でも物質によって性質が違い、この性質の違いで分類することができる。 …… 49 ページ
第5学年 物の溶け方	・物が水にとける量には限度があること。 ・物が水にとける量は水の温度や量、とける物によって違うこと。また、この性質を利用して、とけている物を取り出すことができること。	・水溶液はそれぞれ性質が違い、この性質の違いで分類することができる。判別には、見た様子、におい、二酸化炭素にふれさせる。蒸発といった方法がある。 …… 44、48 ページ

生活経験によるつながり

生活経験	本単元内容との関わり
・色、においなどを手がかりにして、水の中にとけているものを見分ける。	・水溶液には、酸性、アルカリ性及び中性のものがあること。 …… 44、46 ページ

実験の構想や結果の整理等の系統

単元	実験計画や技能	本単元内容との関わり
第4学年 金属、水、空気と 温度	・表やグラフで結果を整理する。	・水溶液の性質の違いを表で表す。 …… 46、47 ページ
第6学年 燃焼の仕組み	（もの化） ・空気中の二酸化炭素が増えたかどうかを調べるために石灰水を用いる。	・水溶液の性質を調べるために、リトマス紙や石灰水を使って調べる。 …… 47 ページ
第6学年 燃焼の仕組み	（多面的に考える） ・気体検知管が示す数値と石灰水が白くにごった結果から、自分の予想が確かめられたかを考える。	・塩化アルミニウムとアルミニウムを丸めた物を水と塩酸にそれぞれ入れて反応させた結果から、自分の予想が確かめられたかを考える。 …… 50 ページ

※安全面への配慮は割愛します。

（加藤 啓介）

前回の実験から

気づいたこと
・モーターは、少し回ってすぐに止まった。
・電子オルゴールは、ずっと鳴っていた。
・豆電球はすぐに消えたけれど、発光ダイオードは
　しばらく光っていた。

場面❶
(?)同じように光る器具なのに、どうして違いがあるのか。
(?)同じようにコンデンサーに電気をためたのに、どうして
　器具によって使える時間が違うのか。

問題
電気をためたコンデンサーにつなぐ物によって
使える時間が違うのは、どうしてだろうか。

場面❷・使用する電気の量が発より豆の方が多い。
⇒最初に豆は明るく光っていたから。

予想⇒発は、環境に優しいとか、電気代が少
ないということを聞いたことがあるから。

・回路に流れる電流の大きさが発より豆の方が大き
い。
⇒電磁石の働きを大きくするためには、電流の大
きさが関係していたように、使用できる時間も
回路に流れる電流の大きさに関係していると思
う。

学習場面・教師（T）と児童（C）のやりとり
○：主な活動

児童自身が学びをつくるポイント

6年 電気の利用

【前時に学んだこと】
① ・モーターは回転する動き、電子オルゴールは音、
　豆電球と発光ダイオードは光に変えて、それぞ
　れ電気を利用していた。
② ・モーターは、少し回ってすぐに止まった。
　・電子オルゴールは、ずっと鳴っていた。
　・豆電球はすぐに消えたけれど、発光ダイオード
　はしばらく光っていた。

場面❶ ○前回の実験結果（豆電球と発光ダイオード
　　　　が光っている時間の違い）から問題をつくる。

T：前時に確かめる中で、使用でき
る時間について気づきがあった人
がいましたね。

C：モーターは、少し回ってすぐに
止まってしまいました。
C：電子オルゴールは、ずっと鳴っ
ていました。
C：豆電球はすぐに消えたけれど、
発光ダイオードはしばらく光っていました。

C：同じように光る器具なのに、どうして違いがあ
るのだろう。
　C：同じようにコンデンサーに
　電気をためたのに、どうして
　器具によって使える時間が違
　うのだろう。

T：明らかにしたいことは何ですか？

この活動の意味

つなぐ物によって使用できる時間が違う
という気づきを改めて整理し、何と何を
比較することで問題を見出すのか整理す
る。つなぐ物の違いと使用時間の違いに
ついて、前時に扱った全ての物を対象に
するのか、同じ光に変換する物なのに使
用時間が違う豆電球と発光ダイオードに
するのか整理する。視点を明確にするこ
とで考えやすくする。

◇◇◇◇◇◇◇◇ **比　較** ◇◇◇◇◇◇◇◇
モーターと電子オルゴール、豆電球、発
光ダイオードを使用時間の違いという視
点で比較できるようにする。

「なに」と「なに」を比べる？

POINT
「同じ光に変換して使用する物で
あるのに、使用できる時間
が違う」という同じなのに、
違うという考え方を大切に
する。

【問題】（同じように）電気をためたコンデンサー（であるの）に、つなぐ物によって使える
　　　　時間が違うのは、どうしてだろうか。

場面❷ ○予想とその根拠を考える。
T：問題に対する予想を考えましょう。（⓪電球と⓹光
ダイオードの使用時間には、何が関係しているか考え
ましょう。）

> 児童主体の活動となるよう、児
> 童の言葉で問題をつくることが
> できるように働きかける。

C：発光ダイオードは環境に優しいとか、電気代が
　少ないということを聞いたことがあります。電気
　代が少ないということは電気を使う量が少ないの
　だと思います。だから、豆電球に比べてあまり電
　気の量を使っていないのだと思います。
C：豆電球は、最初にすごく明るく光ります。そこ
　でたくさん電流が流れるから、発光ダイオードよ
　り早く消えてしまうのだと思います。
C：LEDより豆電球の方が明るく光っていました。
　また、電磁石に流す電流が大きいほど発生する磁
　力が大きくなりました。そのことから考えると、
　豆電球は発光ダイオードに比べて電流の大きさが
　大きいのだと思います。
C：息を吸って吐く時、少しずつ吐く場合とたくさ
　ん吐く場合では、吐き切るま
　でに時間が違います。同じよ
　うに考えると、発光ダイオー
　ドに比べて豆電球はたくさん
　電気を使っているのだと思い
　ます。

◇◇◇◇◇◇◇◇◇◇ 関係付け ◇◇◇◇◇◇◇◇◇◇
・【5年】「電流がつくる磁力」で学習し
　た電磁石に流す電流が大きいほど、発
　生する磁力が大きくなるということや
・【4年】「電流の働き」で学習した電流
　が大きくなると豆電球が明るくついた
　り、モーターが速く回ったりすること
　と、目の前の事象を関わりがあるので
　はないかと関係付けられるようにする。
・水泳の学習の時に、長く潜っているた
　めには少しずつ息を吐いたらよかった
　ことと、目の前の事象が似ていること
　を関係付けられるようにする。

「なに」と「なに」を「どうする」？

○実験の計画を立てる。
T：「使用する電気の量の違い」「エネルギーの違い」「電
　流の大きさの違い」など、様々な言葉が出てきてい
　ますが、これらをどうやって測定して確かめようとして
　いますか。

C：5年生の電磁石の学習の時に使用した電
　流計を使って確かめようと思います。

児童が予想で使用していた「電気の量」「エ
ネルギー」などの言葉の違いについては、実
験方法を考えさせることで測定可能な量とし
ての「電流の大きさ」に統一する。

◇◇◇◇◇◇◇◇◇◇ 関係付け ◇◇◇◇◇◇◇◇◇◇
【4年】「電流の働き」や【5年】「電流
がつくる磁力」で検流計や電流計を使っ
て電流の大きさを調べたことと、これか
らの検証方法が同じ方法でできると関係
付けられるようにする。

T：「電気の量」「エネルギー」など言葉がバラバラだと違うものを捉えているのかと思いましたが、みなさん同じように考えていたのですね。電流計で測定できる「電流の大きさ」のことを言っていたのですね。

問題を見出す場面においても着目させたことを改めて問うことで何を確かめるのかを確認させる。

T：自分の予想を確かめるためには、何と何を比べたらよいですか？

C：回路に流れる電流の大きさと使用できる時間です。

◇◇◇◇◇◇◇◇◇◇ 比　較 ◇◇◇◇◇◇◇◇◇◇
豆電球をつないだ時と発光ダイオードをつないだ時の電流の大きさを使用時間という視点で比較するようにする。

○結果の予想をする。

T：自分の予想が正しければ、どんな実験結果になりますか。

C：豆電球の方が光っている時間が短く、豆電球に流れる電流の方が発光ダイオードに流れる電流の大きさよりも大きくなると思います。
C：最初に流れる電流の大きさについて、豆電球の方が大きくなり、光っている時間も豆電球の方が短くなると思います。

結果の見通しをもって実験ができるようにする。

❶ コンデンサーを手回し発電機につないで、ハンドルを回してコンデンサーに電気をためる。

❷ 手ごたえが軽くなったら、ハンドルを回すのをやめて、すぐに手回し発電機からコンデンサーを取り外す。

手回し発電機を使うかわりに、電源装置を使って電気をためてもよい。 ☞227ページ

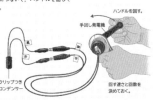

クリップつきコンデンサー
ハンドルを回す。
手回し発電機
回す速さと回数を決めておく。

❸ 右の図のように、調べるものとコンデンサー、電流計をつないで回路を作り、初めと1分後に回路に流れる電流の大きさと、光っているかどうかを調べる。

豆電球　発光ダイオード　電流計
つなぐ。

これまでの実験結果はどのように整理・分析してきたかな？

◇◇◇◇◇◇◇◇◇ 関係付け ◇◇◇◇◇◇◇◇◇
今まで様々な場面で表に整理してきたことと、今回の結果を同じように整理することによって関係付けやすくする。

電流の大きさと光り方との関係

	豆電球		発光ダイオード	
	電流の大きさ	光っているか	電流の大きさ	光っているか
初め	380mA	光っている	100mA	光っている
1分後	80mA	消えている	20mA	光っている

T：結果と結果の予想は一致しましたか？

◇◇◇◇◇◇◇◇ 比　較 ◇◇◇◇◇◇◇◇
・（自分の予想に対する）結果と結果の予想を比較し、一致しているかを確認する。
・自分たちの班の結果と他の班の結果を比較し、結果の妥当性を検証する。

C：予想の通り、豆電球は発光ダイオードよりも大きい電流が流れていて、光っている時間も短いです。

C：電流の大きさや光っている時間が班によって少し違いますが、どの班も発光ダイオードと比べて豆電球の方が大きい電流が流れていて、光っている時間も豆電球の方が短いです。

◇◇◇◇◇◇◇◇ 関係付け ◇◇◇◇◇◇◇◇
豆電球をつないだ時の電流の大きさと使用時間の関係と、発光ダイオードをつないだ時の電流の大きさと使用時間の関係は、共に反対であるという関係を見出せるようにする。
・一方が大きくなると小さくなる。
・一方が小さくなると大きくなる。

「考察のポイント」を示し、結果から言えることを整理する。
①自分たちの班の結果はどうであったか。
②他の班の結果はどうだったか
③自分たちの班と他の班の結果は一致しているのか。
　（一致していない場合は、その原因を考える。）
④結果と結果予想は一致しているのか。
⑤予想は正しかったのか。

重要項目
自分たちの班と他の班の結果を比較する際に、数値の違いに着目して結果が違うと判断する児童もいる。その際には、結果の予想をもとに使用時間と電流の大きさの関係で結果を比較できるようにする。

○結論を導出する。

【結論】電気をためたコンデンサーに、つなぐ物によって使える時間が違うのは、物によって使う電気の量が違うからである。

> 児童主体の活動となるよう、児童の言葉で結論を導くことができるように働きかける。

T：身の回りで発光ダイオードがよく使われている理由を結論から説明できますか？

C：私たちの身の回りで発光ダイオードの照明がよく使われているのは、使う電気の量が少ないからなんですね。

結論から予想の根拠としていたことを説明できることにより、日常生活との結び付けを行う。理科を学ぶ意義を感じる一場面となると考えられる。

6年　電気の利用

　授業をつくる際には、今までの児童の学びを十分に加味しながら検討することが必要になります。学びの系統表には、今までの学習で得られた「知」（知識や概念、得られた知識とは直接は関わらないものの、量的・関係的な見方による系統や生活経験によるつながり等）をまとめました。

　本章では、第6学年「電気の利用」を例に説明します。

本単元までの知識や概念の系統

単元	学習内容	本単元内容との関わり
第4学年 電流の働き	・大きい電流が回路に流れると、モーターが速く回る。 ・大きい電流が回路に流れると、豆電球を明るく点灯させる。	・電気をためたコンデンサーにつなぐ物によって使える時間が違うのは、物によって使う電気の量が違うからである。 ……[56ページ]
第5学年 電流がつくる磁力	・電磁石の働きを大きくするには、電流の大きさを大きくする。	

量的・関係的な見方による系統

単元	学習内容	本単元内容との関わり
第3学年 風とゴムの力の 働き	・風が物を動かす力は、風が強い方が大きい。 ・ゴムが物を動かす力は、ゴムを長く伸ばした方が大きい。	・使用時間が長い物は、回路に流れる電流の大きさが小さい。 ……[58ページ]
第4学年 電流の働き	・電流の向きが変わると、モーターの回転する向きが変わる。 ・電流の大きさが大きくなると、モーターの回る速さが速くなる。	
第6学年 てこの規則性	・力点が支点から離れるほど、少ないおもりでつり合った。 ・作用点が支点に近い時、力点が支点から離れるほど手ごたえは小さくなる。	

生活経験によるつながり

生活経験	本単元内容との関わり
・LED 照明は、省エネで環境に やさしい。 ・LED 照明は、長寿命で、電気 代も安い。 ・水泳の時、少しずつ息を吐く と長くもぐっていられる。	・豆電球に比べて、発光ダイオードは使う電気の量が少ない。 …… 57 ページ

実験の構想や結果の整理等の系統

単元	実験計画や技能	本単元内容との関わり
第4学年 **電流の働き**	（数値化） ・検流計を使って、乾電池2個の直列 つなぎと並列つなぎでモーターに流 れる電流の大きさを調べる。	・電流計を使って、回路に流れる電流 の大きさをはかって、つなぐものに よる電流の大きさの違いを調べる。 …… 58 ページ
第5学年 **電流がつくる磁力**	・電流計を使って、電流の大きさが大 きい方が電磁石の働きが大きくなる かを調べる。	
第5学年 **植物の発芽、成長、 結実**	（条件制御） ・複数の変化の要因が考えられる場合 は、1つの条件のみ変えて、その他 の条件は同一で実験する。	・コンデンサーにためる電気の量を同 じにする。 …… 57 ページ
第4学年 **金属、水、空気と 温度**	（図式化） ・表やグラフで結果を整理する。	・電流の大きさと光り方の関係を表で 表す。 …… 58 ページ

（淺島 千恵）

板書①

9月○日　天気　晴れ　気温　28℃

やってみよう

場面❶

> 振り子のリズムを音楽に合わせて動かしてみよう！

場面❷

わかったこと、疑問に思ったこと
・振り子は同じ動きをくり返すことがわかった。
・振り子のリズムが音楽に合わなかった。
・振り子が動く幅を変えると、リズムに合ったように感じた。

場面❸

問題づくり
・振り子の動きをコントロールする方法を知りたい。
・振り子の動きに関係する条件はあるのだろうか。
・振り子の動きを調整する方法は何だろう。

問題

> 振り子が一往復する時間は、何によって変わるのだろうか。

学習場面・教師（T）と児童（C）のやりとり　　○：主な活動

場面❶　○事象と出合う活動

○児童一人一人に振り子を作らせる。
○音楽を流し、振り子の動きを音楽に合わせられるか挑戦させる。

> T：振り子が往復する動きを音楽のリズムに合わせられますか？
> 3曲流すので、挑戦してみてください。

児童自身が学びをつくるポイント

この活動の意味は？

振り子の動きを音楽のリズムに合わせようとさせることで、児童は必然的に振り子の周期を調整しようとする。その過程で、どの条件を変化させれば周期を変えられるのか試行錯誤させることができる。この活動は学級全体で共通の体験をさせるとともに、条件に着目させることを目的としている。

○曲を流し、振り子を動かす。

> わたしの振り子は音楽のリズムよりもおそくゆれているよ。

> わたしの振り子は音楽のリズムよりも速くゆれているよ。

場面❷　○振り子の動きを音楽に合わせる活動を通して、わかったことや疑問に思ったことをノートに書き出す。

> T：振り子の動きを音楽に合わせる方法の違いは何ですか？

C：始めの曲は簡単だったけど、2曲目が合わない。ぴったり合わせられる方法を見つけられないかな。

C：どうやったら、振り子の動きを音楽にそろえられるのかな。

T：3年生の風やゴムの力の問題は、ゴムののばし方と走る距離の関係についての気づきが出ましたね。これまでの学習では、結果を変化させる要因がありましたね。振り子の動きを変える要因は何ですか？

POINT

「児童は、これまでに獲得した学習内容の何を使ったら考えやすくなるだろうか」と**事前に想定すること**が大切となる。

学習のつながり
3年　風とゴムの力の働き
5年　振り子の運動
6年　てこの規則性

C：振り子の振れ幅を変えたら、振り子の動きも変わるのかな。

C：振り子のおもりの種類を変えたら、1往復する時間が変わった気がする。

C：振り子の動きは糸の長さで変わっていたと思う。

◇◇◇◇◇◇◇◇◇ **関係付け** ◇◇◇◇◇◇◇◇◇

「一方が増えるともう一方が増える」など、【3年】「風とゴムの力の働き」、【4年】「電流の働き」などで獲得した学習内容を思い出し、上記の学習での「一方が増えるともう一方が増えること」と、振り子の条件と振り子の周期は似たような関係であると考えられるようにする。

「なに」と「なに」を「どうする」？

○黒板で疑問を整理する。

場面❸ ○疑問から問題づくりをする。

T：みんなの考えた要因を整理して、振り子の動きと振り子の動きを変える要因との関係についての問題文を考えてみましょう。

・共通の言葉で話し合いができるよう、「振り子の長さ、おもりの重さ、振り子の振れ幅、1往復する時間、支点」など、実験で使用する言葉の整理を行う。

C：振り子のおもりの重さと振り子の動きの関係。

C：振り子の長さと振り子の動きの関係。

C：振り子の振れ幅と振り子の動きの関係。

C：みんなの意見は、振り子が1往復する時間を調整する方法に関係する。

【問題】　振り子が1往復する時間は、何によって変わるのだろうか。

| 9月○日 | 天気　晴れ　気温　28℃ | 実験計画 場面❺ |

問題

振り子が1往復する時間は、何によって変わるのだろうか。

予想 場面❹

・おもりが重いと速くなると思う。なぜなら、重い方が速く動きそうだから。
・振り子の振れ幅が大きい方が時間がかかりそう。距離が長くなるから。
・振り子の長さも関係していると思う。長い方が距離が長くなるから。

実験A 調べる条件：振り子の長さ
振り子の長さ...ア 30cm　イ 60cm
（共通）おもり1個　振れ幅10°

実験B 調べる条件：おもりの重さ
振り子のおもり...ア 1個　イ 2個
（共通）長さ30cm　振れ幅10°

実験C 調べる条件：振り子の振れ幅
振り子の振れ幅...ア 10°　イ 20°
（共通）長さ30cm　振れ幅10°

※振り子の周期が変化すれば、変化の要因といえる。

| 学習場面・教師（T）と児童（C）のやりとり ○：主な活動 | 児童自身が学びをつくるポイント |

場面❹ ○問題に対して予想をする。

T：これまでの学習で参考になるものはありますか？

C：植物の発芽の実験で、複数の条件が発芽に必要だったから、全部が関係しているのかも。
C：日光や肥料、土は必要なかったから、関係しない条件もあるんじゃないかな。
C：音楽と合わせる時、おもりが重くなると、速く動くと感じたから、やっぱり関係するんじゃないかな。
C：振り子の長さを長くすると、おもりが動く距離が長くなっていたから、時間が長くなったんだと思う。
C：振り子の長さと同じように、振れ幅が大きくなると、おもりが動く距離も長くなったから、振れ幅が関係してくるんじゃないかな。

◇◇◇◇◇◇◇◇ **関係付け** ◇◇◇◇◇◇◇◇

・振り子が1往復する時間に影響する条件を調べるためには、【5年】「植物の発芽、成長、結実」や「植物の受粉、結実」で学習したように、調べたい1つの条件のみを変化させ、他の条件は同じにすることと似ていることと結び付けられるようにする。
・そのために、振り子が1往復する時間に影響する条件を想起させるために、振り子が構成されている物（糸とおもり）に着目できるようにする。

T：友達の予想を聞いて、自分の予想を見直してみてください。

C：はじめは振り子の振れ幅だと思ったけど、友達の意見を聞いて、おもりも関係すると思った。

◇◇◇◇◇◇◇◇ **比　較** ◇◇◇◇◇◇◇◇

友達の予想に触れ、自分の予想がより妥当な予想となるよう考え、修正できる機会をつくるようにする。

「なに」と「なに」を比べる？

5年 振り子の運動

場面❺ ○実験計画を立てる。

T：予想を確かめるための実験方法を考えましょう。

C：ゴムカーや植物の発芽では、条件を1つだけ変えて実験をしたから、ここでも条件を1つずつ調べる実験をしていったらいいと思う。

C：予想にあがっている条件は、振り子の長さ、おもりの重さ、振り子の振れ幅の3つだから、それぞれ3つの実験で振り子の1往復する時間を調べればいいのかな。

C：調べる条件の他は、糸の種類はみんな同じだし、エアコンの風が当たらない場所も大事じゃないかな。

C：振り子が1往復する時間はどのように計ったらいい？

C：1往復して戻ってくる時間を計ればいいよ。

C：離す時と、戻ってくる時のタイミングが難しくて、うまく計れない。

C：何往復かさせて、1往復の時間を比べればいいんじゃないかな。5往復くらいがいいんじゃない。

C：でも、5往復だとわり算が大変だから、10往復にしたらどうかな。

◇◇◇◇◇◇◇◇◇◇ **関係付け** ◇◇◇◇◇◇◇◇◇◇

振り子が1往復する時間に影響する条件を調べるためには、【3年】「風とゴムの力の働き」、【5年】「植物の発芽、成長、結実」や「植物の受粉、結実」で学習したように、調べたい1つの条件のみを変化させ、他の条件は同じにするとよいことと似ていることと結び付けられるようにする。

・1往復する時間に影響する条件が多ければ多いほど実験の数が多くなってしまうため、まずはどの条件を確かめたらよいか、振り子を構成する最低限の条件から調べられるようにする。

T：どういう結果が得られたら、予想を確かめたことになりますか？

C：振り子の長さが長い方が1往復する時間が長くなるはず。

C：振り子のおもりが重い方が、1往復する時間が短くなるはず。

C：振り子の振れ幅が大きい方が、1往復する時間が長くなるはず。

◇◇◇◇◇◇◇◇◇◇ **関係付け** ◇◇◇◇◇◇◇◇◇◇

「振り子の長さを長くすればするほど、1往復の時間はたくさんかかる」、「おもりの重さをどんなに重くしていっても、1往復する時間は変わらない」など、一方が大きくなるともう一方も大きくなる、一方を大きくしてももう一方は変わらないなどの考え方で結果の見通しがもてることを、これまでの学習結果と振り子の結果の見通しとが似ていることで結び付けられるようにする。

○実験A　振り子の長さだけを変えて、振り子が1往復する時間を計る。

変える条件		同じにする条件
振り子の長さ	⑦ 30cm	おもりの重さ
	⑦ 60cm	振り子の振れ幅

・結果を記録し、表やグラフで整理する。

結果

	1回目	2回目	3回目	4回目	5回目
⑦ 30cm	1.12 秒	1.01 秒	1.12 秒	1.12 秒	1.13 秒
⑦ 60cm	1.57 秒	1.57 秒	1.58 秒	1.58 秒	1.57 秒

ふりこの長さと
ふりこの1往復する時間

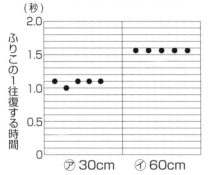

・実験毎に、見通した結果と比較し、条件の因果関係を確認する。

・結果の記録は、算数の単元「平均」が未習の場合、グラフを用いてもよい。

◇◇◇◇◇◇◇◇◇◇ 関係付け ◇◇◇◇◇◇◇◇◇◇

・算数で学習したデータを基に棒グラフや折れ線グラフに表したことを関係付けられるようにする。
・【3年】「風とゴムの力の働き」で、ゴムをのばす長さとゴムカーが動いた距離を表とグラフで整理したことと同じように、振り子の1往復する時間と振り子の長さの関係を表とグラフにまとめられることに気づくようにする。
〈その他の関係付けられる単元〉
・【3年】太陽と地面の様子
・【3年】光と音の性質
・【4年】天気による1日の気温の変化
・【4年】水の三態変化

○結果を考察する。

C：振り子の長さが30cmの時はおよそ1.1秒で、60cmの時は、およそ1.5秒だったから、振り子の長さが長くなると1往復する時間も長くなったといえる。
C：そうだとしたら、予想通り、振り子の長さは振り子の1往復する時間に関係しているんだね。

○結論をまとめる。

【結論】振り子の1往復する時間は、振り子の長さによって変わる。

○実験B　振り子の重さだけを変えて、振り子が1往復する時間を計る。

変える条件		同じにする条件
おもりの重さ	⑰おもり1個	振り子の長さ 振り子の振れ幅
	㋓おもり2個	

・結果を記録し、表やグラフで整理する。

結果

	1回目	2回目	3回目	4回目	5回目
⑰おもり1個	1.13 秒	1.13 秒	1.12 秒	1.12 秒	1.13 秒
㋓おもり2個	1.12 秒	1.14 秒	1.11 秒	1.14 秒	1.13 秒

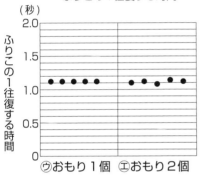

おもりの重さと
ふりこの1往復する時間

○結果を考察する。

C：おもり1個の時は1.12秒から1.13秒で、おもり2個の時は1.11秒から1.14秒だった。だから、0.01秒は違いとは考えず、振り子のおもりが変わっても、1往復する時間は変化しないといえる。

C：そうだとしたら、予想とは違い、振り子の重さは1往復する時間とは関係がなかった。

○結論をまとめる。

【結論】振り子の1往復する時間は、おもりの重さによっては変わらない。

・実験毎に、見通した結果と比較し、条件の因果関係を確認する。

・結果の記録は、算数の単元「平均」が未習の場合、グラフを用いてもよい。

◇◇◇◇◇◇◇◇◇◇◇ 比　較 ◇◇◇◇◇◇◇◇◇◇◇

・実験A（振り子の長さ）と実験B（おもりの重さ）の1往復する時間の結果がどれだけ違うかを比べることが大切である。

・これまでの経験により、「おもりが重くなると振り子の1往復する時間が速くなる」と予想する児童は少なくない。

・児童の中には、おもりの重い方が速くなってほしいという願いもあって、わずかな差から「おもりの重さを変えると、1往復する時間が変わる」と捉える児童もいる。

・振り子の長さによる1往復する時間の変化の大きさとおもりの重さによる1往復する時間の大きさの変化を比較し、より妥当な結論を導き出すことが重要である。

○実験C　振り子の振れ幅だけを変えて、振り子が
　　　　１往復する時間を計る。

変える条件		同じにする条件
振り子の振れ幅	㋔ 10°	振り子の長さ
	㋕ 20°	おもりの重さ

・結果を記録し、表やグラフで整理する。

結果

	1回目	2回目	3回目	4回目	5回目
㋔ 10°	1.12 秒	1.11 秒	1.13 秒	1.13 秒	1.13 秒
㋕ 20°	1.12 秒	1.13 秒	1.11 秒	1.12 秒	1.11 秒

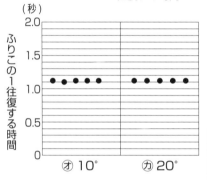

ふりこの振れ幅と
ふりこの１往復する時間

○結果を考察する。

C：振り子の振れ幅が 10°の時は 1.11 秒から
1.13 秒で、20°の時も 1.11 秒から 1.13 秒だっ
た。だから、0.01 秒は違いとは考えず、振
り子の振れ幅が変わっても１往復する時間
は変化しないといえる。

C：そうだとしたら、予想とは違い、振り子
の振れ幅は１往復する時間とは関係がな
かった。

○結論をまとめる。

【結論】振り子の１往復する時間は、振り子の振れ幅によっては変わらない。

・振り子の１往復する時間が変わらないとい
う周期の等時性（１往復する時間は同じ）は、
振れ幅が充分に小さい時という条件がある
ため、比較する振れ幅は小さい方がよい。

※振れ幅の設定はおよそ両側 30°までがよい
が、小学校の実験では片側 30°くらいまで
を許容範囲としている。

◇◇◇◇◇◇◇◇◇◇　比　較　◇◇◇◇◇◇◇◇◇◇
・実験Ａ（振り子の長さ）と実験Ｃ（振
り子の振れ幅）の１往復する時間の結
果がどれだけ違うかを比べることが大
切である。
・これまでの生活経験である「ブランコ
では、振れ幅が大きい方が速く感じた。」
ことから振り子の振れ幅が大きい方が
振り子の１往復する時間は速くなるの
ではないかと予想する児童は少なくな
い。
・児童の中には、振り子の振れ幅が大き
い方が速くなってほしいという願いも
あって、わずかな差をもって、「振れ幅
を変えると、１往復する時間が変わる」
と捉える児童もいる。
・振り子の長さによる１往復する時間の
変化の大きさと振り子の振れ幅による
１往復する時間の違いの大きさの変化
を比較し、より妥当な結論を導き出す
ことが重要である。

5年 振り子の運動

○実験A、B、Cの結果をもとに、振り子が1往復する時間に関係する条件について考察をする。

C：実験A、B、Cの結果から、振り子の1往復する時間に関係する条件がわかった。
C：振り子の1往復する時間に関係する条件は、振り子の長さだけだった。
C：振り子のおもりの重さと、振れ幅は、今回の実験の範囲では、振り子が1往復する時間に関係しないことがわかった。
C：振り子の振れ幅をもっと大きくしても、1往復する時間には関係しないのか試してみたい。
C：振り子のおもりも、いくら重くしても変化しないのか気になる。

○結論をまとめる。

【結論】振り子が1往復する時間は、振り子の長さによって変わる。おもりの重さ、振れ幅では変わらない。

振り子を利用した身のまわりのものを探して、そのものに振り子の性質がどのように使われているのか考えてみよう！

「1秒振り子」を作ってみよう！

◇◇◇◇◇◇◇◇◇ 関係付け ◇◇◇◇◇◇◇◇◇
・今回学習した「振り子が1往復する時間は、振り子の長さによって変わる」ことと、メトロノーム、振り子時計などのしくみが似ていることで結び付けて考えられるようにする。道具に利用されている振り子の周期について考え、説明することで、本学習で獲得した知識を使って、日常生活の事象が説明でき、一層理解を深められる。

5年　振り子の運動

　授業をつくる際には、今までの児童の学びを十分に加味しながら検討することが必要になります。学びの系統表には、今までの学習で得られた「知」（知識や概念、得られた知識とは直接は関わらないものの、量的・関係的な見方による系統や生活経験によるつながり等）をまとめました。

　本章では、第5学年「振り子の運動」を例に説明します。

本単元までの知識や概念の系統

単元	学習内容	本単元内容との関わり
第3学年 **風とゴムの力の働き**	・風が物を動かす力は、風が強いほうが大きい。 ・ゴムが物を動かす力は、ゴムを長くのばしたほうが大きい。	・振り子の長さを変化させると振り子が1往復する時間も変化する。 …… 63 ページ

量的・関係的な見方による系統

単元	学習内容	本単元内容との関わり
第3学年 **風とゴムの力の働き**	・風が物を動かす力は、風が強いほうが大きい。 ・ゴムが物を動かす力は、ゴムを長くのばしたほうが大きい。	・振り子が1往復する時間と振り子の長さは関係している。 …… 66 ページ ・振り子が1往復する時間と振り子のおもりの重さ、振れ幅は関係していない。 …… 67、68 ページ
第4学年 **電流の働き**	・電気には流れがある。 ・電流の向きが変わると、モーターの回転の向きが変わる。 ・電流の大きさが変わると、モーターの速さが変わる。	
第5学年 **植物の発芽、成長、結実**	・植物の種子には発芽するための条件がある。 ・環境条件が変わると発芽の有無も変化する。 ・環境条件が変わると、成長の有無も変化する。	※一方が変化すると、他方も変化するという関係的な見方を転移する。 …… 64、65 ページ

生活経験によるつながり

生活経験	本単元内容との関わり
・振り子時計の振り子の動きが一定である。 ・ブランコの往復するリズムは同じ。 ・お寺さんの梵鐘を鳴らす撞木は、いったりきたりする。 ・メトロノームのリズムは一定である。	・振り子の長さを変えるとリズムを調整することができる。 …… 66 ページ ・振り子のおもり、振れ幅は、振り子が1往復する時間に関係しない。 …… 67 ページ ※一方の条件を変えると，他方の動きが変わるという経験から転用する。

実験の構想や結果の整理等の系統

単元	実験計画や技能	本単元内容との関わり
第3学年 風とゴムの力の働き	・風の強弱（条件）を変えて、車が走った距離（結果）を調べる。 ・ゴムをのばす長さ（条件）を変えて、車が走った距離（結果）を調べる。	・振り子が1往復する時間が変わる要因に関する実験計画を立てる。 …… 64、65 ページ ・振り子の条件と振り子が1往復する時間を表やグラフに整理する。 …… 66、67、68 ページ
第4学年 電流の働き	・電流の向きが変わると、モーターの回転の向きが変わる。 ・電流の大きさが変わると、モーターの速さが変わる。	
第5学年 植物の発芽、成長、結実	（条件制御） ・複数の変化の要因が考えられる場合は、1つの条件のみ変えて、その他の条件は同一で実験する。	・振り子の条件と振り子が1往復する時間に関する実験計画を立てる。 …… 64、65 ページ

（浦田 耕平）

5月○日　天気　晴れ　気温　24℃

見つけよう

燃料電池自動車　　　　　せん風機
・電気の力　　　　　　　　・電気の力
　⇒モーターを動かす　　　　⇒モーターを動かす

【3年「電気の通り道」】

回路に電気が通る　　　　回路に電気が通る
⇒豆電球が光る　　　　　⇒モーターが回る

やってみよう「プロペラカーを走らせてみよう」

自分の車：前に進んだ　　友達の車：後ろに進んだ
乾電池（＋　　－）　　　乾電池（－　　＋）

◎回路につなぐ「乾電池の向き」が違う！
☆電流……電気の流れ

| 問　題 | 乾電池の向きを変えると、回路に流れる電流の向きが変わるのだろうか。 |

学習場面・教師（T）と児童（C）のやりとり
○：主な活動

場面❶　○2枚の写真を比較して、共通点を見出す。

T：燃料電池自動車は、何の力で動いている物ですか？
T：扇風機は、何の力で動いている物ですか？

C：電気の力です。

T：電気で動くものの中には、モーターが入っています。電気の働きでモーターが回り、様々な動き方をします。

T：3年生では乾電池などを使ってどんな学習をしましたか？

現象と既習とを関係付ける。

C：回路に電気が通ると豆電球が光った。
C：それと同じように、回路に電気が通ると、モーターが回るんだね。

児童自身が学びをつくるポイント

この活動の意味

「燃料電池自動車」と「扇風機」が電気の力を使って、モーターを動かしているという共通点に気づかせ、3年で学習した「電気の通り道」に児童の思考をつなげる。

◇◇◇◇◇◇◇◇◇◇ **比　較** ◇◇◇◇◇◇◇◇◇◇

燃料電池自動車と扇風機を「何の力で動いているか」という視点で比較し、「電気の力」で動いている共通点を見出せるようにする。

「なに」と「なに」を比べる？

・「モーター」はここで初めて出てくる物なので、教師が用語を指導する。
・「回路ができると、電気が通って、豆電球が光る」ことを確認するとともに、4年の学習でも「導線、乾電池、豆電球」などの用語を正しく使えるようにする。

これまでの学習を使って考えるとどうなるだろう？

◇◇◇◇◇◇◇◇◇◇ **関係付け** ◇◇◇◇◇◇◇◇◇◇

3年で学習した「電気の通り道」とモーターが回る現象を似た事項として関係付けられるようにする。

「なに」と「なに」を「どうする」？

4年　電流の働き

〈やってみよう〉

共通体験をさせる。

T：モーターを使って、プロペラを
回してみましょう。プロペラが回
ると風が起きるしくみを使って、
プロペラカーを作ってみましょ
う。

・各自、プロペラカーを走らせる。

T：自分のプロペラカーの進む向き
と違う友達のプロペラカーを比べ
てみましょう。

車の進む向きに比較の視点をし
ぼる。

C：前に進む車と後ろに進む車では、乾電
池の向きが違っているよ。

T：プロペラカーが進む向きに違い
が出たのは、何が関係していると
思いますか？

C：乾電池の向きが関係していそうだね。
C：**乾電池の向きが違うと、電気の
流れが反対になって後ろに進むの
かな。**
C：**乾電池の向きが、電流の向きに
関係している**のかな。

T：明らかにしたいことは何ですか。

【共通体験の意味】 **POINT**
・共通体験として、プロペラカー
を作って走らせることを設定し、そこか
ら生じたプロペラカーの進む向きと、乾
電池の向きの違いから問題をつくる。

◇◇◇◇◇◇◇◇◇◇ 関係付け ◇◇◇◇◇◇◇◇◇◇
自分のプロペラカーをもとにして、進む
向きが反対だったプロペラカーの様子に
着目させることで、プロペラカーの進む
向きに違いが出たことと、乾電池の向き
が反対であることとの両者の違いの関係
に気づくようにする。

◇◇◇◇◇◇◇◇◇◇ 関係付け ◇◇◇◇◇◇◇◇◇◇
乾電池の向きと、回路に流れる電流の向
きの両者の違いの関係に気づくようにす
る。

・「乾電池の向きが違うと、電気の流れが反
対になるのかな」のような意見が出た時に、
「電流」の用語を説明する。

児童主体の活動となるよう、児童の言葉で問題
を作ることができるように働きかける。

【問題】 乾電池の向きを変えると、回路に流れる電流の向きが変わるのだろうか。

○予想とその根拠を考える。

T：自分の予想を考えた根拠はなんですか。これまでの学習や経験で、今回の学習につながりそうなことはあるかな。

これまでの学習を使って考えるとどうなるだろう？

◇◇◇◇◇◇◇◇◇◇ 関係付け ◇◇◇◇◇◇◇◇◇◇
これまでの共通体験や既習と乾電池の向きを変えると電流の向きが変わることと似たような事象と関係付けて、実験方法を考えられるようにする。

C：乾電池の向きを変えると電流の向きが反対になると思う。なぜなら、「やってみよう」でモーターが反対向きに回ったから。

C：乾電池の向きを変えると電流の向きが反対になると思う。3年の時に、風の力で進む車に、風を当てる向きを変えたら、車の進む向きが変わったことと同じように、乾電池の向きを変えると電流の向きが変わって、車の動きも変わると考えられるよ。

・何を根拠に、自分の予想を立てたのかを明らかにさせる。左のように既習や共通体験などを根拠としている児童を価値付け、理科の学習が生活やこれまでの経験と結びついていることを捉えさせる。

○実験方法を考える。

T：自分の予想「乾電池の向きを変えると、回路に流れる電流の向きが変わる」ことを確かめるためには、何を調べればいいですか？

C：回路に流れる電流の向きがわかればいいけど……。電流は目には見えないから、回路に流れる電流の向きがわからないよ。

C：温度計みたいに、見えたらいいのにね。

T：電流の向きや大きさを測定する検流計という道具があります。

・検流計の使い方を説明する。検流計は、目には見えない電流の向きと大きさを見える化できる器具であることを捉えることができるようにする。

○結果の予想をする。

C：検流計の針が右（左）に振れ、乾電池を逆にしたら、針が左（右）に振れたら自分の予想が正しかったといえるよ。

・見通しをもって実験できるように結果を予想する段階で、どういう結果が得られれば、予想が正しかったといえるのか話し合うことができるようにする。

○観察・実験を行い、結果を整理する。

T：検流計を使って、実験をしましょう。危険なので、検流計を乾電池だけにつないではいけません。

・検流計を乾電池だけにつなぐと、ショート回路になってしまうため、危険であることを指導する。

○結果を考察し、結論を導く。

電流の流れる向き

乾電池の向きを変える前

乾電池の向きを変えた後

◇◇◇◇◇◇◇◇◇ **比　較** ◇◇◇◇◇◇◇◇◇
自分が観察した結果と友達が観察した結果を比較して、結果の妥当性を検討することができるようにする。

＜考察の書き方の視点の例＞
① 観察・実験の目的
② 結果の言語化
③ 再現性の確認（他の班の結果との比較）
④ 実験方法の見直し
⑤ 結果から説明できること
⑥ 予想との比較

・考察をする際は、左のような項目を児童に提示し、論理的に結論を導き出せるようにすることも手立てとして考えられる。

C：乾電池の向きを変える前と比べて、乾電池の向きを変えた後では、検流計の針が反対になった。検流計の針が反対になったということは、回路に流れる電流の向きが反対になったといえるね。予想と同じだったよ。

◇◇◇◇◇◇◇◇ **関係付け** ◇◇◇◇◇◇◇◇
友達の考察と自分の考察を比較し、自分の考えを修正したり、言葉を付加したりできるようにする。

◇◇◇◇◇◇◇◇◇ **比　較** ◇◇◇◇◇◇◇◇◇
結果と結果の予想が同じであるかを比較できるようにする。

【結論】乾電池の向きを変えると、回路に流れる電流の向きが変わる。

4年　電流の働き

授業をつくる際には、今までの児童の学びを十分に加味しながら検討することが必要になります。学びの系統表には、今までの学習で得られた「知」（知識や概念、得られた知識とは直接は関わらないものの、関係的な見方による系統や生活経験によるつながり等）をまとめました。
　本章では、第4学年「電流の働き」を例に説明します。

本単元までの知識や概念の系統

単元	学習内容	本単元内容との関わり
第3学年 **電気の通り道**	・回路に電気が通ると、豆電球は光る。	・回路に電気が通ると、モーターが回る。 …… **72、73ページ**
第3学年 **電気の通り道 磁石の性質 光と音の性質**	・回路に電気が通ると、豆電球は光る。 ・磁石は、離れていても鉄を引きつける。 ・音は見えないけれど、震えとして伝わる。	・電気、磁力、音は見えないけれど、何かを動かす力をもっている。

関係的な見方による系統

単元	学習内容	本単元内容との関わり
第3学年 **風とゴムの力の働き**	・風の当てる向きを変えると、車の進む向きが変わる。	・乾電池の向きを変えると、電流の向きが変わる。…… **74、75ページ**
第5学年 **電流がつくる磁力**	・乾電池の向きを変えると、回路に流れる電流の向きが変わる。	・電流の向きが変わると、電磁石の極が変わる。

生活経験によるつながり

生活経験	本単元内容との関わり
・「電気が流れる」や「電気を切る」という言い方 ・こいのぼりは風の向きによってなびく向きが変わる。	・電気が流れるということと、第3学年の輪のようにつなぐと豆電球が点灯するということを結び付けて、輪の中を流れる向きの違いを推測する。…… **73 ページ**

実験の構想や結果の整理等の系統

単元	実験計画や技能	本単元内容との関わり
第3学年 **電気の通り道 磁石の性質 光と音の性質** **天気による1日の 気温の変化**	（もの化、見える化） ・回路に電気が通ると、豆電球は光る。 ・磁石は、離れていても鉄を引きつける。 ・音は見えないけれど、震えとして伝わる。 ・気温が上がると、温度計の数値が上がる。	・電流が流れるとプロペラが回る。 …… **73 ページ** ・電流の向きや大きさは、検流計を使えば、調べることができる。 …… **74 ページ**

（川﨑 麻実）

植物の養分と水の通り道

6月○日　天気　晴れ　気温　26℃

見つけよう

 →

水を与えていない
・体全体がしおれている

根に水を与えた
・茎→まっすぐ
・葉→はしまでピンとはっている

植物にとって水は、必要！　......体のどこに行く？

根に水⇒茎⇒葉のはしまで元気に！

根から吸収して、葉までいったのかな？

・6年「人の体のつくりと働き」
　人や動物の体中⇒血管がはりめぐらされていた。
　血管のようなものが全身にある？
　消化管のような水の通り道がある？

問題　根から取り入れた水は、植物の体のどこを通って、全体に運ばれるのだろうか。

学習場面・教師（T）と児童（C）のやりとり
○：主な活動

児童自身が学びをつくるポイント

場面①　○2枚の写真から、ホウセンカの様子（茎・葉）を比較して、何がどのように違うのかを見出す。

この活動の意味

ホウセンカに水を与える前と後の写真を比較し、根に水を与えると植物の体全体が元気に元通りになることから、根から取り入れた水は、植物の体のどこにいったのかに注目させる。

T：これまで各学年で植物についての学習をしてきましたね。植物の体はどのようなつくりになっていましたか？（既習事項を想起し、次の比較の視点とする）

◇◇◇◇◇◇◇◇◇◇ **比 較** ◇◇◇◇◇◇◇◇◇◇

しおれているホウセンカと元気になったホウセンカを「植物の体のつくり（茎・葉）」を視点に比較し、違いを見出せるようにする。

「なに」と「なに」を比べる？

C：根、茎、葉です。

T：2枚の写真を比較して、植物の体の様子の違いは何ですか？

C：水を与えていない時は、体全体がしおれています。
C：根に水を与えた時は、茎がまっすぐになり、葉も元に戻っています。

・視点を明確にすることで考えやすくする。
・児童が何に着目したら、これまでに学習したことを使って考えられるのかを事前に想定する。

T：水を与えた時だけ、植物が元気になるのはどうしてなのでしょう？

現象の違いとその要因について考えられる発問をする。

◇◇◇◇◇◇◇◇◇◇ **比 較** ◇◇◇◇◇◇◇◇◇◇

水を与えていない時のホウセンカの様子と水を与えた時のホウセンカの様子の違いに目が向くようにする。

C：植物にとって、水は必要なものだから。なぜなら、種子の発芽にも、植物の成長にも水は必要だったから。（5年：植物の発芽・成長・結実の転移）

◇◇◇◇◇◇◇◇◇◇ **関係付け** ◇◇◇◇◇◇◇◇◇◇

5年で学習した「植物の発芽、成長、結実」に水が必要だったことと、目の前の事象が似ていることに気づくようにする。

「なに」と「なに」を「どうする」？

C：植物は、人と同じ生き物だから、水がないと生きていけないのだと思う。なぜなら、植物を人と同じように考えると、人は夏の暑い日にのどが渇くと水を飲みたくなる。水を飲まないと、熱中症などになってしまうので、しおれている植物は、人でいう熱中症のような感じなのだと思う。（生活経験が転移）

◇◇◇◇◇◇◇◇◇ 関係付け ◇◇◇◇◇◇◇◇◇
喉が渇いている時の人のような生活経験と水が足りていない植物が似ていることに気づくようにする。

これまでの学習を使って考えるとどうなるだろう？

自分の生活経験をもとにして考えるとどうなるだろう？

T：取り入れた水は、植物の体のどこに行くのかな。これまでの学習や経験で、今回の学習につながりそうなことはあるかな。

C：根から取り入れて、体全体に行くと思う。なぜなら、茎だけではなく葉の端までピンとして元気になっているから。
C：6年の「人の体のつくりと働き」の学習で、人や動物の体中に血管が張り巡らされていたな。植物も同じように、体全体に水の通り道があるのかな。
C：人は口から水を取り入れて、尿として出す。植物も人と同じように、根から水を体に取り入れるための消化管みたいなものをもっているのではないかな。

◇◇◇◇◇◇◇◇◇ 関係付け ◇◇◇◇◇◇◇◇◇
児童がこれまでの経験や自分の体、成長と、目の前の事象とが似ていることに気づくようにする。

目の前の事象とこれまでの経験を関係付けることで、考えやすくする。

これまでの学習を使って考えるとどうなるだろう？

自分の体をもとにして考えるとどうなるだろう？

T：明らかにしたいことは何ですか。

【問題】　根から取り入れた水は、植物の体のどこを通って、全体に運ばれるのだろうか。

児童主体の活動となるよう、児童の言葉で問題を作ることができるように働きかける。

○予想とその根拠を考える。

C：根から取り入れられた水は、茎を通り、葉まで運ばれると思う。なぜなら、人の体と同じように血管のように、水が通る管のようなものが張りめぐらされていると思うから。葉にある模様のような線は、それだと思う。

POINT
児童が、これまでに獲得した学習内容の何を使ったら考えやすくなるかを想定する。この単元では、**植物も人と同じ生き物という考え方を用いて「人（自分）」を基盤にして考えをつくることがポイント**となる。

○実験方法を考える。

> T：植物の体の中に水の通り道があることを確かめるには、どうしたらいいのだろう。これまでの学習や経験で、使えそうな考え方はあるかな。

> C：根から取り入れられた水がどこを通っているのかを確かめればいいね。
> C：水は透明だからわからないね。通り道が見えるために色水を使えばいいと思う。水の通り道があるなら、色水が通った場所は色がつくと思うよ。【見える化】
>
>
>
> C：水が蒸発して減って条件が変わらないように、ふたをしておくことも必要だね。【条件制御】
> C：根、茎、葉それぞれの部分を断面で切って観察していこう。【部分と全体で見ていく考え方】

○結果の予想をする。

> C：人の血管と同じなら、水が通る管のようなものが無数に根、茎、葉にあるはずだよ。切った断面をよく見る必要があるね。

計画（方法）　色水で染めて、根、くき、葉を切り、断面を見る。

根　　くき　　葉

> C：水の通り道は、人の消化管と同じように1本で体の真ん中にあるんじゃないかな。

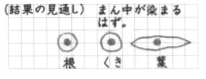

（結果の見通し）　まん中が染まるはず。

根　　くき　　葉

※教科書では、「根から取り入れた」と問題が設定されているが、児童の中には、水やりの経験（植物の上からかけること）を根拠に葉から水を取り入れる、葉や茎からも取り入れるという考えが出てくることも想定される。

・児童は、植物には水は必要だということは何となくはわかるけれども、体のどこを通っているかは目には見えない。何がわかればよいのかという問題意識を高め、それを見える化する必要性を感じさせるようにする。

> ※※※※※※※※ 関係付け ※※※※※※※※
> 問題となる事象の説明や実験計画を、これまでの経験をいかして考えられるようにする。

＜この実験では以下の3点に着目させる！＞
①見えないものを見るためには、「見える化」してきた方法を想起させることで、水に色をつけることに気づかせる。
②条件制御の考え方を用い、水が減ったことは、水が蒸発したのか、植物が吸い上げたのかがわからなくならないように、脱脂綿でふたをする。
③3年の植物や昆虫の体のつくりにおける体の部分と全体の関係や、6年の血液の流れの部分と全体の関係で考えていけるようにする。

・結果を予想する段階で、どういう結果が得られれば、予想が正しかったといえるのか話し合うようにする。

> これまでの学習を使って考えるとどうなるだろう？
>
> 自分をもとにして考えるとどうなるだろう？

○観察・実験を行い、結果を整理する。

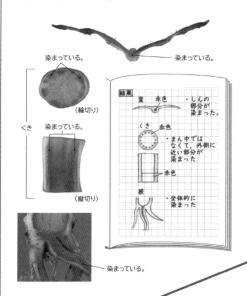

染まっている。　　　　　　染まっている。

（輪切り）

くき　染まっている。

（縦切り）

染まっている。

結果
葉　赤色　・しんの部分が染まった。
くき　赤色　・まん中ではなくて、外側に近い部分が染まった
赤色
根　・全体的に染まった

・根、茎、葉の断面を部分で観察していくため、断面の連続が全体と考えれば、植物の水の通り道は「このように説明ができるはず」とより妥当な考えを導けるようにする。

○結果を考察し、結論を導く。

T：調べた結果は、自分の見通しと一致しましたか？　結果から、どのようなことがいえますか？

◇◇◇◇◇◇◇◇◇◇ 比 較 ◇◇◇◇◇◇◇◇◇◇
自分が観察した結果と友達が観察した結果を比べることで、結果の妥当性を検討できるようにする。

・考察をする際は、左のような項目を児童に提示し、論理的に結論を導き出せるようにすることも手立てとして考えられる。

C：調べた結果は、自分の見通しとは違っていて、全体ではなく、茎の表面近くが何か所か染まりました。
C：つまり、予想とは違って、結果から茎の表面近くにあるいくつかの細い管を通って、水が運ばれているといえそうです。

◇◇◇◇◇◇◇◇◇◇ 比 較 ◇◇◇◇◇◇◇◇◇◇
友達の考察と自分の考察を比較し、自分の考えを修正したり、言葉を付加したりできるようにする。

＜考察の書き方の視点の例＞

① 観察・実験の目的
② 結果の言語化
③ 再現性の確認（他の班の結果との比較）
④ 実験方法の見直し
⑤ 結果から説明できること
⑥ 予想との比較

◇◇◇◇◇◇◇◇◇ 関係付け ◇◇◇◇◇◇◇◇◇
根、茎、葉の断面を部分で観察していくため、複数の断面の連続が全体と考えれば、植物の水の通り道は「このように説明ができるはず」と、植物体全体と部分とを結び付けて考えられるようにする。

【結論】根から取り入れた水は、植物の根、茎、葉の中にある細い管を通って、茎や葉に運ばれる。

6年　植物の養分と水の通り道

　授業をつくる際には、今までの児童の学びを十分に加味しながら検討することが必要になります。学びの系統表には、今までの学習で得られた「知」（知識や概念、生活経験によるつながり等）をまとめました。

　本章では、第6学年「植物の養分と水の通り道」を例に説明します。

本単元までの知識や概念の系統

単元	学習内容	本単元内容との関わり
第3学年 **植物の成長と体のつくり**	・植物の体は、葉、茎、根からできている。	・植物が根から取り入れた水は、根、茎、葉の中にある細い管を通って、茎や葉に運ばれる。 …… **79ページ**
第3学年 **昆虫の成長と体のつくり**	・昆虫は、頭・胸・腹の3つの部分からできている。	・植物、昆虫、動物は、同じような体の構成をしているという知識が、根拠をつくる上での基盤となっていく。
第6学年 **人の体のつくりと働き**	・人の体は、大きく分けて、頭・胴体・脚に分けられる。（※学習内容ではない）	
第5学年 **植物の発芽、成長、結実** **動物の誕生**	・植物の発芽には、水が必要である。 ・胎児はへそのおで胎盤とつながっていて、そこから必要な物を取り入れたり、出したりする。 ・胎児は、母親のお腹の中にいる時は、羊水の中にいる。	・植物は根から水を取り入れる。 …… **78ページ**
第6学年 **人の体のつくりと働き**	・食べ物は、口、胃、腸などを通る間に消化、吸収され、吸収されなかった物は排出される。 ・血管は全身に張りめぐらされている。 ・ウマやイヌ、フナなどの動物も人と同じように血液の流れるしくみが備わっている。	・植物には、水の通り道が植物全体に張りめぐらされている。 …… **79ページ**

自分自身を基盤にする

人と同じように、魚も植物も成長の
サイクルをもっている。
…… 79 ページ

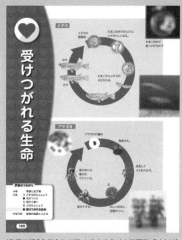

（教育出版「令和2年度版 未来をひらく小学理科 5」より）

生活経験によるつながり

生活経験	本単元内容との関わり
・植物を育てる時は、水やりを欠かさずしてきた。 ・人は水を取り入れて生きている。 ・チョウはさなぎからチョウになる時に、翅の脈に体液が通っていた。	・植物にとって水は必要不可欠。 …… 78 ページ ・植物が根から取り入れた水は、根、茎、葉の中にある細い管を通って、茎や葉に運ばれる。 …… 79 ページ

実験の構想や結果の整理等の系統

単元	実験計画や技能	本単元内容との関わり
第5学年 **植物の発芽、成長、結実** **振り子の運動**	（条件制御） ・複数の変化の要因が考えられる場合は、1つの条件のみ変えて、その他の条件は同一で実験する。	・植物の水の吸い上げ実験の際、脱脂綿でふたをする。 …… 80 ページ
第4学年 **金属、水、空気と温度**	（もの化） ・水の温まり方を調べるために示温インクを用いる。	・色水を使って水の通り道を調べる。…… 80 ページ

（川﨑 麻実）

人の体のつくりと運動

板書①

人の体のつくりと運動

自分の体で、うでやあしの曲がるところがどこかを調べ、記録しよう。

○うでやあしには、曲がるところと曲がらない ところがあった。
○てのひらにはたくさん曲がるところがあった。
○体のいろいろなところに曲がるところがあっ た。
○体の中にかたいところがあった。骨かな？

> うでやあしなど、体の中には、 かたい「骨」がある。

○体のいろいろなところが動いている。
○曲げたりのばしたりしている。
　⇒バドミントンもサッカーも同じ……人も同じ

→ 問 題

> うでやあしの曲がるところと曲がらないところでは、 骨と骨が関節でつながって体が動くつくりはどのよ うになっているのだろうか。

4年 人の体のつくりと運動

学習場面・教師（Ｔ）と児童（Ｃ）のやりとり ○：主な活動	児童自身が学びをつくるポイント

場面❶ ○バドミントン選手やサッカー選手が体をど のように動かしているかに注目させ、運動す るための体のつくりについて問題を見出す。

Ｔ：バドミントン選手 が動かしているの は、体のどこです か？

Ｃ：体のいろいろなところが動いているね。
Ｃ：バドミントンはシャトルを打つから、特にうで のひじや手首が動いている と思うよ。
Ｃ：打つ時に、一度うでを曲 げてから伸ばしている。

Ｔ：それでは、サッ カ 選手が動か しているのは、 体のどこです か？

この活動の意味

スポーツ選手の体の動きに着目して比較 する活動を通して、うでやあしの曲がる ところと曲がらないところを比較する。 また、スポーツ選手と自分は同じ人であ ることを基に自分の体の動きについて調 べ、体の動きとつくりの関係についての 問題を見出せるようにする。

◇◇◇◇◇◇◇◇◇ **比　較** ◇◇◇◇◇◇◇◇◇
バドミントン選手とサッカー選手の体の 動きを比較して、
・体のいろいろな部分が動き、人の体の 全体を動かしている
・スポーツ選手も自分も人であることを 確かめられるようにする。

「なに」と「なに」を比べる？

・バドミントン選手の動きとサッカー選手の 動きを基にして、「人の体の動き」に着目し て比較している意見を積極的に取り上げる ことで、比較の視点が明確になるようにす る。
・選手のうでの動きに注目した動画を活用す ることでより比較の視点が明確になる。

C：サッカー選手も、体のいろいろなところが動いて、体全体を動かしているね。

C：ボールを蹴るから、バドミントン選手よりも特にあしが動いている。曲がっているところと、伸びているところがある。

C：大人でも子供でも、体を動かす時には、曲がっているところと、伸びているところがあることは同じことがいえそうだ。

・スポーツ選手も自分も「人」であることを押さえらえるようにする。

T：スポーツ選手もみんなも、体を動かす時に同じことは何ですか？

C：体のいろいろなところを曲げたり伸ばしたりして体全体を動かしている。

C：人はみんな、同じように体を動かしている。

T：自分の体で、うでやあしの曲がるところがどこかを調べ、記録しましょう。気がついたことは、記録カードに書きましょう。

◇◇◇◇◇◇◇◇◇ **関係付け** ◇◇◇◇◇◇◇◇◇

・スポーツ選手の体の動きと、<u>自分の体の動きが同じであることに気づく</u>ようにする。

・<u>曲がるところと曲がらないところがあること</u>と、<u>骨のつくりと体の動きが関係していることに気づく</u>ことができるようにする。

「なに」と「なに」を「どうする」？

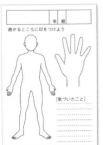

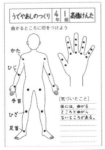

C：うでやあしには、曲がるところと曲がらないところがあった。

C：てのひらにはたくさん曲がるところがあった。

C：体のいろいろなところに曲がるところがあった。

C：体の中に固いところがあった。骨かな？

C：3年の昆虫のあしも似ているよ。

T：うでやあしなど、体の中には、硬い「骨」があります。

◇◇◇◇◇◇◇◇◇ **関係付け** ◇◇◇◇◇◇◇◇◇

人の体が動くこと（手足の曲がること・伸ばすこと）は、骨のつくりと関係があることは、<u>3年で見た昆虫のあしのつくり</u>と<u>似ていることに気づく</u>ようにする。

　このことが、昆虫のあしの動きとあしのつくりの関係を基にして、<u>人のうでや足の動きと骨のつくりを考えられる</u>ようにする。

○問題を設定する。

T：人のうでやあしの曲がるところ
　を調べてみて気がついたことか
　ら、みんなで調べてみたいことを
　まとめましょう。

C：体を動かす時には、体のいろいろなところを曲
　げたり伸ばしたりしている。
C：体の曲がるところと曲がらないところでは、ど
　　のようなつくりの違いがあるのだろ
　　うか。
　　C：体のつくりや動きには、骨が関
　　　係していると思う。

【問題】　うでやあしの曲がるところと曲がらないところでは、骨と骨がつながって体が動くつく
　　　りはどのようになっているのだろうか。

○予想とその根拠を考える。

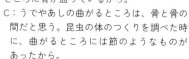
児童主体の活動となるよう、児童の言葉で問題
をつくることができるように働きかける。

T：問題に対する予想は何ですか。予想の理由も教え
　てください。

C：曲がらないところは骨があると思う。なぜなら、
　　今、自分の体で試してみても、曲がらない
　　ところに骨が通っているから。
　　C：うでやあしの曲がるところは、骨と骨の
　　　間だと思う。昆虫の体のつくりを調べた時
　　　に、曲がるところには節のようなものが
　　　あったから。

○問題を確かめる方法を考える。

T：自分の予想を確かめるには、ど
　のように調べればいいですか？

博物館で人の骨格模型を見た
ことがあるよ。

C：体の曲がるところと、骨のある場所を比べれば
　いいと思う。
C：自分の体の中の骨をのぞくことはできないので、
　何か模型があるといいです。
C：病院で見たことがある「レントゲン写真」のよ
　うに、骨を見ることができるものがあるといいで
　す。
C：理科室にある骨の模型と、この前調べた人の体
　の動くところを比べればいいと思います。

病院でレントゲン写真を見た
ことがあるよ。

○観察を行う。

T：うでやあしの曲がるところと曲がらないところ
　のつくりを、骨の模型で調べましょう。
　以前調べた観察カードと比べて、曲がる
　ところや曲がらないところと骨と骨が関
　節でつながって体が動くつくりについて
　記録カードを書きましょう。

・前時で使用した観察カードと骨格模型を比
　較しながら、体の曲がるところと曲がらな
　いところと骨のつくりとの関係性について
　追究するように助言する。

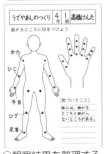
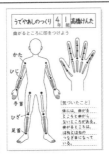

○観察結果を整理する。

T：うでやあしの曲がるところと曲がらないところでは、
　骨はどのようなつくりになっていましたか？　気がつ
　いたことを発表しましょう。

C：曲がるところは、骨と骨のつなぎ目にあった。
C：自分の体で曲がるところのすべての場所が、骨
　と骨のつなぎ目にあった。
C：曲がらないところは、骨が通っているところだっ
　た。
C：昆虫の体の動きと、人の体の動きは似ていると
　ころがある。

◇◇◇◇◇◇◇◇ 比 較 ◇◇◇◇◇◇◇◇
自分が観察した結果と友達が観察した結
果が同じであるかを比較して、結果の
妥当性を検討することができるようにす
る。

○結果を考察し、結論を導く。

T：観察の結果から、自分の予想は確かめられました
　か？　問題の結論はどのようになるでしょうか。

C：予想通り、曲がるところは骨と骨の
　つなぎ目になっていた。
C：予想通り、曲がらないところには中
　に硬い骨があった。

◇◇◇◇◇◇◇ 関係付け ◇◇◇◇◇◇◇
友達の考察と自分の考察を比較し、自分
の考えを修正したり、言葉を付加したり
できるようにする。

【結論】うでやあしの曲がるところは、骨と骨のつなぎ目になっていて、うでやあしの曲がらな
　　　いところは、中にかたい骨がある。

T：骨と骨のつなぎ目で、体の曲がるところを「関節」
　といいます。

・科学用語として「関節」を押さえる。

4年　人の体のつくりと運動

> 　授業をつくる際には、今までの児童の学びを十分に加味しながら検討することが必要になります。学びの系統表には、今までの学習で得られた「知」（知識や概念、得られた知識とは直接は関わらないものの、共通性・多様性の見方による系統や生活経験によるつながり等）をまとめました。
> 　本章では、第4学年「人の体のつくりと運動」を例に説明します。

本単元までの知識や概念の系統

単元	学習内容	本単元内容との関わり
第3学年 **身の回りの生物**	・生物は、色、形、大きさなど、姿に違いがあること。 ・昆虫の成虫の体は頭、胸、および腹からできていること。	・人の体には骨と筋肉、関節があること。　…… **85 ページ**

共通性・多様性の見方による系統

単元	学習内容	本単元内容との関わり
第3学年 **身の回りの生物**	・生物は、色、形、大きさなど、姿に違いがあること。 ・昆虫の成虫の体は頭、胸、および腹からできていること。	・生物によって体のつくりや姿に共通性と多様性があること。 …… **85 ページ**
第4学年 **季節と生物**	・動物の活動は、温かい季節、寒い季節などによって違いがあること。	

生活経験によるつながり

生活経験	本単元内容との関わり
・人の体には骨や肉があることを知っている。	・人の体には骨と筋肉があること。
・体を動かす時には、体のどこかを曲げて動かしている。	・人が体を動かすことができるのは、骨、筋肉、関節の働きによること。
・自分は人である。	・自分の体の動きを参考に、人の体のつくりと運動について追究することができる。 …… **84ページ** ・アスリートであっても、体のつくりは自分と同じである。

実験の構想や結果の整理等の系統

単元	実験計画や技能	本単元内容との関わり
第3学年 **身の回りの生物**	・観察カードに昆虫の体のつくりを記録する。	・人の体のつくりを調べる。 …… **85ページ**
第4学年 **季節と生物**	（比較する） ・動物や植物の季節ごとの様子を、気温に着目しながら比較する。	・人と他の動物との体のつくりや運動には共通性や多様性があることを考える。 …… **86ページ**

※安全面への配慮は割愛する。

（岩崎 泰久）

おわりに

「理科における新たな教材解釈の書籍を出版したい。」

　角屋先生からこのお話を伺った時、私の体に電流が駆け抜けたことを記憶しています。

　これまでの多くの授業研究は、"学習指導要領に記載されている単元だから"、"教科書掲載の教材だから" という受動的な心持ちで取り組んでいる例が少なくありませんでした。その単元や教材の設定意義、存在価値、それを通してどのような力を子供たちに育みたいのか、そこを明らかにして授業研究をしている例は決して多いとはいえないからです。

　また、数多くの教育指導に関する本は出版されていますが、いわゆる「How-to」を示したものが多く、それを読むほとんどの先生方は、書かれている内容をなぞる形で授業を進めているのではないでしょうか。そのすべてを否定するわけではありません。しかし、ともするとそれは「こうすれば授業はうまくいく」と教師が短絡的に考えてしまうことにつながり、指導者自身の思考停止をもたらしてしまう可能性があります。

　本来、我々教師はその教材の内容を教えるだけでなく、教材のもつ価値を考え、その教材に触れさせることで最終的にどのような力を子供たちに身につけさせたいかを考えながら授業をデザインしていかなければなりません。学習内容をわかりやすく伝えたり理解させたりするための教材研究ではなく、単元や教材を新たな視点から解釈し授業を組み立て、子供たちが生涯にわたって学び続けることができる汎用性のある「すべ」を獲得できる授業づくり。このことを若手教員や理科を苦手とする教員にどのように伝えたらよいか、集ったメンバーで多くの原稿を作成し検討を進めてきました。

コロナ禍により、対面での話し合いを一度もすることなく、研究を進めてきたこともあり、前述の角屋先生のお考えに痺れているものの、オンライン会議のみで新たな教材解釈をわかりやすく紙面に表現することは、相当の困難を極めました。ただ、何度も検討を繰り返した本書の内容や紙面構成は、「教材解釈」について改めて考えていただけるものになったことを確信しています。

　角屋先生に「その教材にはどのような価値があるのか？」と問いかけられるたびに、メンバーが考えを出し合い、検討を重ね、それを共有しながらまとめてきたのが本書籍です。今回、まとめた原稿が汎用性のある「すべ」を明確に表現できているかというとまだまだ十分ではない部分もあるかもしれません。だからこそ、今後も私たちは教材解釈の研究を進め、本書籍に掲載されていない単元・教材についても検討を重ねていきたいと考えています。

　本書籍をきっかけとし、読者である先生方が、自然科学の事象を性質や規則性だけの一面からとらえるのではなく、その意義や価値を考え、単元の教材を「知の整理」「体系化」という視点から見直すことにつながるよう願っています。
　また、多くの先生方に本書籍を手に取っていただき、子供たちにどのような力をつけたいのか、そのためにはどのような授業づくりを行えばよいのか、検討・実践していただきたいと思います。多くの子供たち、できることならばすべての子供たちが、仲間と協働しながら豊かな人生を切り開いてくれることを願っています。

　最後に、すべてのオンライン会議に毎回出席してくださった出版元である教育出版の皆様、オンラインのよさを生かし遠く函館から多くのご示唆をくださった函館市小学校理科研究会の皆様に感謝申し上げます。

2022 年 12 月

鈴木　智裕・笠原　秀浩

監修者・編者・執筆者一覧（所属は執筆時）

【監修者】

角屋　重樹　　広島大学名誉教授　国立教育政策研究所名誉所員

【編者】

石井　雅幸　　大妻女子大学教授

阪本　秀典　　帝京大学准教授

髙木　正之　　岐阜聖徳学園大学准教授

笠原　秀浩　　練馬区立関町北小学校副校長

【執筆者】

加藤　啓介　　東京学芸大学附属大泉小学校主任教諭

淺島　千恵　　目黒区立宮前小学校主任教諭

浦田　耕平　　文京区立本郷小学校教諭

川﨑　麻実　　千代田区立富士見小学校主任教諭

岩崎　泰久　　千代田区立富士見小学校指導教諭

鈴木　智裕　　練馬区立豊玉小学校主幹教諭

児童が「知」を連続的に発展させる 理科の問題解決

2023 年 2 月 23 日　第 1 刷発行

監修者　　角　屋　重　樹

発行者　　伊　東　千　尋

発行所　　教 育 出 版 株 式 会 社

〒135-0063　東京都江東区有明 3-4-10　TFT ビル西館
電話　03-5579-6725　振替　00190-1-107340

© S.Kadoya 2023
Printed in Japan

印刷　神谷印刷
製本　上島製本

ISBN978-4-316-80502-3　C3037